A
Business
Edu-fiction

국/내/최/초
기업비즈니스
에듀픽션

시장에서 지속적으로 세일즈 프레임을 거드는 영업력 강화 부트캠프

전략적 판매의 고수가 된 박태출

박주민 지음

도 서 출 판
피터앤폴

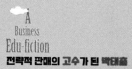

A
Business
Edu-fiction
전략적 판매의 고수가 된 백태출

초판 1쇄 발행 2022년 9월   5일

지은이 _ 박주민
펴낸이 _ 이경희
펴낸곳 _ 피터앤폴
디자인 _ 이경희, 백선웅
책임편집 _ 유선영, 권귀옥
삽 화 _ 권동욱

등 록 _ 제 2020-000045
주 소 _ 서울 동작구 상도로 31길 19
전화 / 팩스 _ 070. 8100. 3750
전자우편 _ khmade@naver.com

ISBN 979-11-962979-0-9(93000)

전략적 판매의 고수가 된 박태출

"H/W 에서 SaaS까지!"

**A Business
Edu-fiction**

現 SaaS 전문 기업 ㈜디지포머싸스랩
前 오라클 및 세일즈포스 한국 총괄
이영수 대표

B2B 영업의 실전과 이론을 모두 겸비한 박주민 저자의 신간 『전략적 판매의 고수가 된 박태출』은 지금까지 본 적이 없는 새로운 영업 강의 형태의 비즈니스 소설로 신선하면서도 전달력이 좋은 책이라는 인상을 받아 강력 추천합니다.

오랜 기간 기업 비즈니스 업계에 종사해 오면서 이론에 치중해 교육하는 강사들의 모습은 어렵지 않게 볼 수 있었습니다. 하지만 "영업은 판매 전략을 통해 실행으로 완성된다"와 같은 근본적인 이슈를 탄탄한 실전과 이론을 배경으로 이야기 형식을 통해 설명하는 전문가를 접하기란 결코 쉽지 않습니다.

그런 면에서 볼 때 국내의 기업영업 현장에서 펼쳐지는 전략적 판매에 관한 소재를 소설의 형태로 출간한 이번 책은 국내 출판 업계에 있어서도 의미 있는 사례가 될 수 있을 것이라고 판단됩니다. 특히, 그간 미국이나 일본에서 출간된 기업소설 등이 대부분 과거의 비즈니스, 즉 디지털 시대 이전의 비즈니스에 초점을 맞추고 있는 데 반해 박주민 대표의 본 책은 디지털 시대, 특히 클라우드와 SaaS^{Software as a Service, 서비스형 소프트웨어}라는 최신의 기술 환경을 배경으로 하고 있어 내용 자체로 트랜디함을 반영하고 있습니다. 새롭게 영업에 입문하시거나, 영업을 오랜 기간 동안 하였으나 업종을 바꾸어 새로운 방식으로 영업에 도전하시고자 하는 분들께는 적지 않은 영감을 드릴 수 있을 것으로 확신합니다. 국내와 다국적 글로벌 기업에서 30년 이상 영업을 해 왔고, 클라우드와 SaaS 비즈니스의 전도사로 한창 활동을 하고 있는 본인에게도 이 책은 하루 만에 읽어낼 수 있을 만큼 많은 재미와 배움을 선사해 주었기 때문입니다.

디지털 시대, 모든 것이 빠르게 변화하고 기술의 상향 평준화가 이루어지고 있는 지금의 환경 속에서, 많은 기업들은 어떻게 하면 지속 가능한 성장을 이루어 갈 수 있을까를 놓고 깊은 고민에 빠져 있습니다. 이는 달리 말해 고객 접점의 최전방에서 영업 활동을 하고 있는 분들의 역할이 그 어느 때보다 중요해졌음을 의미합니다. 이런 사실에 비추어 볼 때 이 책은 대기업과 중소기업은 물론 스타트업(특히, SaaS 스타트업) 영업 종사들에게 이르기까지 많은 도움을 줄 수 있을 것으로 기대합니다.

제가 이 책을 읽고 난 후 느낀 점은 다음과 같습니다.

첫째, 재미있습니다. 단순히 이론을 나열하는 기존의 책들과는 달리 소설 형식이라는 이야기 구조를 통해 색다른 재미를 얻을 수 있다는 것이 이

책이 주는 가장 큰 차별점이 아닌가 싶습니다. 특히, 소설 속 주인공 '박태출' 이라는 평범한 직장인이 영업 전사(Salesforce)로 변해가는 과정이 매우 흥미롭습니다. 책을 읽으면서 내가 마치 교육장에 와 있는 박태출이 된 것처럼 자연스럽게 영업 교육에 몰입되는 경험을 할 수 있었습니다.

둘째, 배움이 있습니다. 소설 속 '최고수'라는 인물은 주인공 박태출의 영업 멘토이자 전문가로서 기업영업의 경험을 탄탄한 이론적 배경에 근거해 사실적으로 전달해 주고 있습니다. 특히, 그가 교육하는 영업 프로그램들은 중고 초보 '박태출'이 전략적 판매 전문가로 성장하는 데 있어 결정적인 기여를 하게 됩니다.

마지막으로, 도전이 있습니다. 오늘날과 같은 디지털 시대에서는 고객이 환경은 물론 영업의 방식마저 대면에서 비대면으로 바뀌는 등 많은 부분에서 변화와 혁신을 요구하고 있습니다. 당연히 영업 인력들의 활동 관리에도 예외가 있을 리 없습니다. 소설 속 주요 인물들은 현실 속 영업 인력들이 당면하고 있는 두렵고 어려운 문제들에 대해 외면하지 않고 당당하게 헤쳐 나아가는 모습들을 보여주고 있는데 이 과정에서 느끼는 묘한 카타르시스도 이 책을 추천하는 중요한 이유 중 하나입니다.

박주민 대표를 알게 된 것은 G-CEO(글로벌 기업 한국 지사장) 모임을 통해서였습니다. 당시 그곳에서 박주민 대표의 강의를 접할 수 있었는데 대기업, 중소기업, 개인사업을 두루 거친 실전 경험과 집념의 집필 활동에서 우러난 그날의 강의는 짧은 시간이었음에도 저를 사로잡기에 충분했습니다. 개인적으로 저는 박주민 대표야말로 국내를 대표하는 최고의 B2B 영업 교육 전문가로서, 저서는 물론 강의를 통해서도 만나보실 것을 적극 추천드립니다.

저는 본서가 격변하는 이 시대에, '고객의 경험을 어떻게 강화할 것인가?', '고객의 문제를 어떻게 해결하고 어떻게 가치 있는 솔루션을 제공할 것인가?'에 관한 전략적인 해법들을 제시해 주고 있다고 생각합니다. 본서에서 강조하고 있는, 제가 직접 경험한 최종 의사결정권자들은 단순히 물건을 팔러 온 영업인들에게는 대응하지 않습니다.

그러나 의사결정권자의 입장에서 고민하고, 사업상의 타당한 이유를 제시하는 전략적 판매자들에게는 그 곁을 내어주고 동반자로 나아갈 기회를 부여해 주었습니다. 많은 독자 여러분들께서 이 책을 통해 그러한 감동의 경험들을 하시기를 바라며 추천사를 마칩니다.

미국에서 marketing과 sales라는 용어가 한국에 처음 들어올 때 market-ing은 '마케팅'이라는 외래어로 잘 정착이 된 반면 sales는 영업과 판매로 분리가 되었다. 어떻든 둘 다 고객만족(주로 B2C에서 사용), 고객가치(주로 B2B에서 사용)의 실현이라는 목표는 같다. 단순하게만 구분하면 고객을 대상으로 정책과 전략의 실행을 직접적으로 접촉해서 운영하느냐 혹은 간접적, 비접촉으로 운영하느냐의 차이로 볼 수 있겠다.

그러니까 마케팅은 전략적이고 세일즈는 전술(기법)적이다는 것은 완전히 틀린 말이다. 내가 보기에 국내에서 세일즈 교육을 하는 사람들 대부분이 이 전술(기법)을 위주로 한다. 참고로 전술과 전략에 우열은 없지만 우선순위는 있다. 즉, 선 전략 후 전술이어야 바람직하다. 과거 국내에서 판매란 주로 개인 대상 B2C 영역에서 어떤 재화를 팔고 수금하는 것에 초점이 맞추어져 있었다. 반면 영업은 판매를 포함해 판매 전 활동과 판매 후 활동을 모두 아울러 고객사 전반을 케어하는 총체적인 전문[가] 영업 판매 활동을 의미한다.

그런데 지금도 여전하지만 기업 세일즈가 우리나라에 정착하기 훨씬 전, 이미 B2C라 불리는 개인 대상 영업에서 판매에만 혈안이 된 판매사원들에 의해 영업이라는 용어와 판매가 구분 없이 쓰이게 되었다. 소위 '너 나한테 영업하냐?'식의 부정적인 기원이 여기에서 비롯된 것이라고 볼 수 있다. 그런데 마케팅과 세일즈가 동시에 발달한 미국의 정통 B2B 세일즈 교육에서는 이 판매에 해당하는 영업 활동을 상당히 심도 있게 전문적인 전략 영역으로 다루어 왔다. 이는 주로 중대형 기업 비즈니스 시장 즉, 복합 판매라complex sales 불리는 영역(계약 규모가 크고 계약에 걸리는 리드타임이 6개월에서 1년, 그 이상 소요되는 판매 목표들)에 해당되는데 우리나라의 경우 몇몇 교육업체가 영어 원본 콘텐츠를 라이선싱 계약 후 수입해서 번역을 한 다음 기업고객들을 대상으로 교육을 했거나 혹은 이런 교육기관 출신들 일부가 프리랜서로 활동하며 영어 원본을 그대로 교육에 쓴 경우들이 있는 걸로 알고 있다. 그림 속 '영업의 나비 모델'에 이 책에서 다루고자 하는 전략적 판매 영역을 화살표로 표시해 두었다.

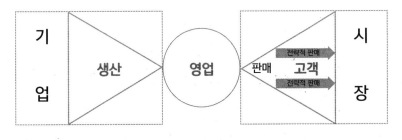

〈영업의 나비 모델〉

이해를 돕기 위해 만일 여러분 중에 한 분이 삼성전자를 대상으로 가치 있는 제품이나 솔루션을 판매한다고 치자. 이때 고객사 내부에 깊숙이 침투해 들어가 다양한 구매 영향력자들을 꾸준히 접촉하고 그들의 성취, 성과 요소들을 면밀히 파악해 전략화하는 일련의 활동들이 바로 전략적 판매 영역이 된다. 이 책은 기존 영업판매 도서들의 전형적인 방법[형식]과는 달리 허구의 소설 형식을 빌렸다. 이러한 시도를 한 이유는 새로운 형식의 도전이라는 필자의 개인적 욕구에 기반하지만 전략적 판매라는 다소 딱딱한 주제에 대해 독자들의 거부감을 줄여드리기 위한 의도도 있었음을 밝혀두고 싶다. 어떻든 간에 필자가 얘기하고 싶은 바는 이제 우리나라 기업 경영의 패러다임상 이 영역의 전문성을 높일 때가 되었다는 점을 강조하고 싶었다는 점이다.

정리하면 전문가 영업이 고객을 중심으로 시장과 경쟁사를 고려한 수평적인 활동에 주력할 때 전략적 판매는 고객사 내부에 아주 깊게 파고드는 수직적인 활동에 더욱 주력한다고 보면 된다. 사실 과거에도 이런 시도가 없었던 것은 아니었다. 필자는 운이 좋게도 2천 년대 초중반 삼성전자 재직 시절, B2B 세일즈 전문 사업부에서 이와 관련한 지식과 경험을 축적할 수 있었는데 당시 삼성전자에서는 B2B 세일즈 역량 강화를 위해 전사적으로 대대적인 드라이브를 걸고 있었다.

그리고 그 일환으로 외국계 출신의 전문 B2B 세일즈맨들이 대거 스카우트되었다. 하지만 안타깝게도 그들 대부분이 국내 영업환경에 제대로 적응하지는 못했다. 기업 내부의 텃새도 있었지만 한국식의 영업 문화가 선진 기업 세일즈 방식을 받아들이기엔 여러 면에서 성숙하지 못했던 탓이다. 현재 필자는 기업을 대상으로 기업영업과 관련해 책을 쓰고 강의 활동을 하고 있다. 하지만 필자도 과거 교육생 시절이 있었는데 당시를 회상해보면 아카데믹한 교수자는 현장 영업 경험이 부족해 실재감이 떨어졌고 그 반대는 아카데믹함이 부족해 체계적으로 이론 정리가 잘 되지 않았던 것을 기억한다. 세월이 흘러 필자는 그때의 아쉬운 기억들을 교훈 삼아 풍부한 현장 경험과 탄탄한 이론으로 무장한 기업교육 전문가가 되고자 노력해 왔고 이러한 필자의 고민과 연구가 집약된 작은 성과물들이 전작 『B2B, '찐'영업으로 승부하라!』를 통해 빛을 볼 수 있었다.

그리고 책에서 다하지 못한 경험과 노하우들은 교육생 중심의 영업 교육 프로그램으로 기획되어 다양한 기업 강의 현장을 통해 그들의 성장과 성공을 돕고 있다. 바라건대 책 속 주인공 박태출의 성장 스토리를 통해 이제는 전략적 판매의 중요성까지 다시금 이해하는 시간이 되었으면 한다.

A
Business
Edu-fiction

content

박태출 과장 →) 프로 : 회사내 구조조정이 일어나 10여 년간 근무한 총무부에서 영업부서로 전격 배치된다. 퇴출 위기까지 몰렸지만 우여곡절 끝에 새로운 회사와 영업 멘토를 만나 극적으로 성공적인 세일즈 커리어를 구축하게 된다.

최고수 팀장 →) 대표 : 박태출 과장의 영업 멘토이자 전략적 판매의 최고 실력자. 실무와 이론을 바탕으로 가는 곳마다 탁월한 실적을 내는 것은 물론 염원해오던 자신의 사업체를 시작해 영업 판매 전문가를 양성하는 데 힘쓴다.

김안배 부장 →) 매니저 : 박태출 과장의 직속 상사이자 베테랑 인사부장이다. 회사 설립 초기부터 원년 멤버로 입사해 경영진의 신망이 두텁다. 회사의 구조조정 및 합병 과정에서 위기의 박태출 과장을 구해주는 인물.

김용철 매니저 →) TOS SP(Solution Provider) 영업팀 직속 상사. 전략적 판매에 관한 업무 역량이 뛰어나 박태출 프로의 성장에 많은 영향력을 끼치는 인물. 박태출 프로가 새로운 업무에 잘 적응할 수 있도록 지원하는 영업 리더.

내 이름은 박태출. 올해로 입사 10년차에 접어든 평범한 직장인이다. 부모님 말씀으로는 크게 성공하라는 의미로 적지 않은 돈까지 주고 작명소에서 이름을 지으셨다는데 아직까지는 그 이름값을 못하고 있는 것 같다. 되레 자칫하다간 회사에서 퇴출될 위기에 봉착해 있으니 말이다. 그래서 어쩔 땐 내 이름이 태출이 아닌 진짜 퇴출처럼 들리곤 한다. 그런 와중에 출근길 아침 댓바람부터 아내의 멘트가 신경을 곤두서게 한다.

"여보, 상민이 아빠가… 글쎄 회사 나와서 프렌차이즈 카페를 차린대!"

"징밀? 와! 부럽네. 나도 카페나 한번 차려볼까?"

"당신, 큰일날 소리 하지도 마. 대출이자에 아이들 학원비에 거기다 나 내년에 공부 시작하기로 한 거 잊었어? 당분간은 무조건 다녀야 해. 알았지? 아, 왜 대답이 없어?"

정기적으로 만나는 부부동반 모임 날짜가 다가오자 최근 회사 다니기 싫다고 툴툴대는 내가 혹 상민이 아빠로 인해 헛바람이라도 들까 싶어 아내는 미리 내게 선수를 친 것이다. 아내는 사실 원치 않게 대학을 중퇴했다. 장인어른이 사업에 실패해 온 가족이 생활 전선에 뛰어들어야만 했던 아픈 과거를 지니고 있는 까닭이다. 그래서 내년에는 못다 한 학업을 마무리하고 싶다는 당찬 포부를 오래전부터 밝혀왔고 드디어 그 꿈이 실현되기 직전인 것이다. 지금 하고 있는 유치원 보조교사 알바를 완전히 접고 말이다. 그런 아내를 두고 무책임하게 회사를 나온다는 건 있을 수도 있어서도 안 되는 일이다.

"알았어, 알았다고. 회사 다녀올게…."

말은 이렇게 했지만 사실, 회사 사정이 몇 년 전부터 급격히 어려워지기 시작했다. 우리 회사는 중견 컴퓨터 및 주변기기 제조회사인데 산업의 흐름이 하드웨어에서 소프트웨어 중심으로 옮겨가기 시작하면서 영업 이익률이 내리막길이 된 지 오래다. 나는 이곳에서 지난 10년간 인사, 노무, 교육 등 경영 지원팀 업무 전반을 두루 거쳐 지금은 회사의 자산을 관리하는 총무 업무를 담당하고 있다. 여러 업무를 섭렵한 것처럼 보일 수도 있지만, 역으로 특별한 전문성이 없다고 볼 수도 있다. 그러다보니 회사도 그렇고 내 일도 그렇고 도무지 비전을 찾을 수가 없어 늘 답답하기만 하다.

'도대체 앞으로 뭘 해먹고 살아야 하나 휴…'

이렇게 속으로 넋두리를 하며 현관문을 나서는데 아내는 응원을 한답시고 한 마디를 더 보탠다.

"여보, 너무 걱정 매! 내가 나중에 유치원 원장 되면 당신 하고 싶은 대로 다 하게 해 줄 테니까. 오늘도 파이팅!"

아내의 격려가 왠지 내겐 경고의 소리로만 들린다. 출근길이 평소보다 더 무겁게 느껴지는 건 그저 기분 탓일까?

EPISODE I.

운명의 시간들

INTRO

우리의 주인공 박태출은 회사 구조조정의 일환으로 뜻하지 않게 영업부서로 발령을 받게 된다. 가족을 부양해야 한다는 책임 하나로 어쩔 수 없이 영업부서행을 감행하지만 사실 그는 영업이 두렵다. 그러던 어느 날 전시장에서 만난 최고수 팀장의 도움으로 영업 실적의 압박으로부터 벗어나는 첫 수주의 감격을 누리게 된다. 그러나 기쁨도 잠시 결국 회사가 다국적 기업에 의해 인수되는 상황을 맞이하게 되고 급기야 실적 부진으로 퇴출 1순위까지 몰린 박태출은 이러지도 저러지도 못하는 상황에 놓이게 되는데…

청천벽력 같은 영업부서 발령

오늘따라 유난히 차가 막혀 평소보다 다소 늦게 회사에 도착했다. 그런데 평상시와는 다른 회사 분위기가 감지된다. 직장 생활 10년 차가 넘으시니 회사 공기를 감지하는 촉이 점점 더 예리해진다. 요즘 들어 거의 틀린 적이 없다고 생각하는 순간, 나의 직속 상사인 김안배 부장이 내 쪽으로 다가온다.

"박 과장, 오늘 나랑 점심이나 할까?"

불길했다. 예전엔 종종 퇴근길에 술을 마시는 경우는 있었어도 점심을 단둘이 먹는 경우는 내 기억에 없었기 때문이다.

"예? 식사요?"

"그래, 박 과장 뭐 좋아하지? 생각 좀 미리 해놔."

갑자기 예전 무한도전 '무한상사 편'에서 극 중 유재석 부장과 정준하 과장의 모습이 오버랩 되었다. 구조조정 대상이 된 정준하 과장에게 해당 사실을 통보할 목적으로 유재석 부장이 스시집에서 점심을 하자고 제안했던 장면이었다. 눈치 없고 식탐 많은 정 과장은 그 자리를 유 부장의 배려로 착각해 룰루랄라하며 따라나서던 기억이 떠오르자 갑자기 소름이 돋았다.

'드디어 나에게도 올 것이 온 건가? 아… 이럼 안 되는데 어떡하지…? 그래, 절대로 스시집은 가지 말아야지. 좋아! 중국집이나 가자고 하자. 나 원 참! 스시집이든 중국집이든 그게 뭐가 중요하담.'

순간 아무것도 먹고 싶지 않다는 생각이 들었다.

점심 식사를 마치고 우린 회사 반대편 개인이 운영하는 허름한 커피하우스에 도착했다. 김 부장은 본격적으로 이야기를 꺼내기 시작했다.

"박 과장, 단도직입적으로 말하지. 이번 달 말에 회사 구조조정 대상 명단이 보고될 예정이야. 그리고 그 일환으로 영업부서로 발령을 내야 할 인원도 확정해야 하지."

"아… 네… "

"스태프 인력을 절반 가까이 줄이라는 건데 정말 힘드네."

"그래서 말인데 난 박 과장이 이참에 영업을 한번 해보면 어떨까 싶은데 박 과장 생각은 어때?"

청천벽력 같았다.

'내가 가장 두려워하는 영업이라니….'

하지만 또 한편으론 불행 중 다행이라는 생각도 들었다.

'휴… 그래도 나가라는 말씀은 안 하시네.'

"아… 네… 영업이요? 어떤 영업을 말씀하시는 거죠?"

난 마치 기다렸다는 듯이 반사적으로 되물었다.

"내가 고민을 좀 해봤는데 그래도 영업 이익률도 높고 분위기도 비교적 좋은 프린터 영업이 어떨까 하는데….."

그렇다. 프린터 영업은 그래도 우리 회사에서 두 번째로 매출이 높고 성장률도 좋은 편이라 신입사원이 들어오면 가장 많은 인원을 배치시킨다. 게다가 최근 외부에서 스카우트되어 프린터 영업부의 리더를 맡고 있는 오영출 부장은 나름 합리적이고 배울 점이 많은 사람으로 통하고 있었다.

"난 박 과장이 오 부장 밑에서라면 영업도 잘 배울 수 있을 것 같아."

"아…네 감사합니다, 부장님."

너무 빠르게 본심이 흘러나왔다. 지금 난 회사를 그만두면 안 되니까 말이다. 순간 파이팅 하라는 아내의 목소리가 들리는 것만 같았다.

"난 그래도 박 과장과 우리 회사에서 좀 더 함께할 수 있으면 좋겠어. 물론 박 과장은 다른 생각이 있을 수도 있겠지만 말야."

"아닙니다, 부장님! 저도 마찬가지예요. 그렇지만 좀 당황스럽긴 하네요. 저는 영업에 영자도 모르고 잘 아시다시피 성격도 다소 내성적이라 제가 잘 할 수 있을지 좀 걱정이 되는 게 사실입니다."

"이해하네, 박 과장! 내가 오 부장한테는 잘 말해 놓을 테니까 그 점은 걱정 말라고. 그럼 합의한 것으로 알고 먼저 가겠네. 고마워."

그렇게 나의 첫 영업 인생이 선포되는 순간이었다. 퇴근 길.

'뭐 죽으란 법 있겠어?'

난 그렇게 속으로 되뇌며 영업에 대한 부정적인 생각들을 지우려고 안간힘을 썼다. 그러나 다음 날이 되자 다시 슬슬 걱정이 올라와 입사 동기이자 동갑내기 친구인 영철이를 찾아갔다. 금융권 대상 PC 직판 영업을 하고 있는 고영철 과장은 지금까지 입사 후 줄곧 영업만 해 온 회사에서 가장 친한 동기이다.

"걱정 마라, 태출아! 뭐든 그렇듯 처음에만 좀 어렵지 금방 적응될 거고, 너는 또 성실하니까 고객들도 좋아할 거야. 그러면 머지않아 영업이 편해질 거다."

"그, 그럴까?"

사실 영철이는 우리 회사에서 취급하는 거의 대부분의 제품을 다양한 부서에서 두루 경험한 베테랑 영업사원 중 하나다. 그래서 그런지 영철의 말이 그 어느 때보다 위로가 되었다.

"그런데 영철아, 영업 잘하려면 뭘 어떻게 해야 할까? 너도 알다시피 내가 영업 성격은 아니잖니? 거기다 술도 잘 못 마시고…."

"하하! 영업 성격이라… 물론 술도 잘 마시고 성격도 밝고 그러면 좋겠지. 그런데 내가 한 10년 영업을 해보니까 꼭 그게 다는 아닌 것 같더라. 그리고 요즘은 예전처럼 술도 잘 안 마셔."

"그럼?"

"음… 우선은 너무 영업이라는 것에 대해 부담스럽게만 생각하진 마. 여기도 어차피 똑같은 사람들이 일하는 곳이니까. 그리고 내가 직접 해보니까 영업에 어울리는 성격이나 체질 같은 건 따로 없는 거 같더라고. 우리 팀에도 보면 말수도 적고 샌님 같은 친구들이 몇 있거든. 그런데도 그 친구들이 월말에 가면 실적이 상당히 좋아. 나도 처음엔 의아했는데 아마도 그들만의 노하우가 있지 않을까 싶어."

"그래? 그게 뭘까?"

"하하! 그건 나도 모르지. 하지만 뭔가 있는 건 분명해. 그러니까 너도 그런… 다시 말해서, 네가 제일 잘할 수 있는 걸 무기로 활용해야 하지 않을까 싶네."

"잘할 수 있는 거라…. 그럼 넌? 영철이 너의 필살기는 뭔데?"

"하하! 나의 필살기? 나야 뭐 옛날식이지. 고객들하고 밤새 삐뚤어지게… 하하하."

"요즘엔 술 잘 안 마신다며?"

영철은 약간은 뜸을 들이더니 말을 잇는다.

"이제 막 영업 시작하는 너한테 이런 말 하는 게 좀 그렇지만 난 이제 지친 것 같아. 시간이 갈수록 어째 영업하기가 더 힘들어지네. 생각 같아선 영업 말고 다른 일을 좀 해보고 싶어. 어떻든 넌 이제 시작이니까 나보다 더 잘할 수 있을 거야. 친구야… 파이팅. 웰컴 투 세일즈 월드."

솔직하게 말해준 영철에게는 고마운 마음이었지만 혹을 떼러 갔다가 되레 혹을 하나 더 붙이고 온 느낌이 들었다. 영업 베테랑인 영철이도 저렇

게 힘들어 하는데 과연 내가 영업을 잘
해낼 수 있을까? 나는 무엇으로 무기
를 삼아 영업에서 자리매김을 할 수 있
을까?

　깊어가는 밤만큼이나 나의 고민도
더욱 짙어져만 갔다.

여긴 어디? 난 누구?

　"자자, 주목해 주세요. 다들 잘 알죠?
오늘부터 우리와 함께 일하게 된 박태
출 과장입니다. 박수!"

"안녕하세요. 박태출입니다. 여러모로 부족한 게 참 많습니다. 많이 가르쳐주세요. 열심히 하겠습니다. 감사합니다."

그렇게 오영출 부장의 소개와 인사로 난 프린터 영업부에서의 첫 일과를 시작했다. 그래도 10년 동안 한 회사에서만 일하다 보니 다들 낯이 익은 얼굴들이었다. 인사가 끝난 후 오 부장은 소회의실로 나를 데리고 갔다. 그리고 프린터 영업부 업무와 관련한 전반적인 이슈와 앞으로 내가 해야 할 일들에 대해 간단한 설명을 해주었다.

"우리의 기본 업무가 전국에 있는 집단상가내 대리점 관리 영업에 해당하지만 새로운 거래선 발굴과 영입 그리고 신규시장 제안 영업이 중요해졌어. 무엇보다 실판매를 대리점들에게 연결해주는 영업이 최근 들어 더욱 중요해졌단 말야."

"그러니까 이제는 대리점들의 판매 지원을 위해 직접적으로 뛰는 영업이 중요히다는 말씀인가요?"

"그렇지, 역시 짬밥은 못 속이는군. 요즘은 경쟁이 하도 치열해져서 시장가 교란이 한번 일어나면 대리점들 영업 이익이 금방 무너져 내려요. 정책으로만 대리점들을 이끌고 나가기엔 한계가 있고. 건강한 영업 기회를 우리가 많이 만들어서 대리점들에게 연결해주면 그들의 영업 의지도 올라가고 그만큼 실적도 좋아지는 거지."

"아, 그렇군요. 좋은 생각이신 것 같습니다."

"그래서 내가 이곳에 부임하자마자 제일 먼저 생각한 것이 시장개척 TF야. 지금은 사정상 몇몇 직원들 데리고 내가 직접 파일럿 개념으로 운영하고 있지만 앞으로는 박 과장이 정식으로 이 팀을 맡아줘야 할 거야. 그럼 오늘은 첫 날이니까 나가서 천천히 업무 지도를 받도록 해. 얘기는 내가 해 놨으니까."

오영출 부장은 최근 시장의 흐름은 물론 우리의 강약점을 정확히 꿰뚫고 있었다. 달리 스카우트된 것이 아님을 잠깐의 대화를 통해서도 알 수 있었다. 그리고 친절하게 나를 안내해준다는 느낌이 들어 고마웠다. 아마 김안배 부장의 입김도 컸으리라 생각된다.

"박 과장님, 제가 저희 제품 라인업하고 주문 시스템 등에 대해서 설명 드리겠습니다."

회사 입사한 지 이제 겨우 9개월밖에 안 된 이선명 사원이 다가오며 말을 건넨다. 사원이지만 대리급 포스가 묻어날 만큼 하나하나 똑부러지게 설명해 주는 것이 아닌가? 물어보는 것도 척척 대답을 잘 해주었다. 역시 젊은 감각과 패기가 있어서 그런지 모든 면에서 습득 능력이 뛰어나 보였다.

"지금은 모든 게 익숙지 않아서 헷갈리실 겁니다. 그렇지만 곧 적응하실 거예요. 저도 그랬거든요."

마치 내가 갓 입사한 신입사원이 된 듯 묘한 기분이 들었다. 주위 동료들은 한결같이 내게 친절하게 미소지으며 모르는 게 있으면 얼마든지 물어보라고 하지만 그럴수록 왠지 모를 조급함이 찾아 들었다. 그렇게 하루, 일주일, 한 달이 지나갔다. 어떻게 시간이 지나갔는지 기억도 잘 나질 않는다. 그리고 드디어 파트장급 이상만 참가하는 첫 월말 마감회의에 참관자 형식으로 참석하게 되었다.

"각 파트별로 마감 진척률, 거래선별 재고 및 실판매 현황 그리고 다음 달 파이프라인영업 기회가 실제 거래로 이루어지는 모든 프로세스로 보통은 매출 관리로 이해된다까지 보고해 주세요."

오 부장의 목소리에 카리스마가 넘쳐흘렀다. 파트장들이 돌아가면서 보고를 마치자 오 부장은 뭔가 작심한 듯 질문을 이어갔다.

"이번 달 들어서도 계속해서 거래선별 재고량이 줄지 않는 이유가 뭡니까?"

"이번 달에만 스타전자 로우-앤드, 하이-앤드별로 신제품 2개를 각각 론칭하면서 이슈가 그쪽으로 넘어간 요인이 큰 것 같습니다."

"저희는 이번 달 나가기로 했던 송도 프로젝트 건이 다음 달로 밀리면서 수급 계획에 차질이 생긴 게 가장 큽니다."

"아무래도 시장가 조정이 필요해 보입니다. 시장 매기買氣상품을 사려는 분위기, 또는 살 사람들의 인기가 떨어지면서 가격 저항이 높다는 소리를 많이 듣거든요."

순간 오 부장의 얼굴이 살짝 일그러졌다.

"이게 끝인가요? 내가 지금 여기 온 지가 벌써 반년이 다 되어갑니다. 그런데 아직도 여러분들은 제 스타일을 잘 이해하지 못하는 것 같아요. 영업 조직이 뭡니까? 시장 선행 조직이 되어야 한다고 몇 번을 말합니까? 시장과 고객보다 우리가 한발 먼저 고민하고 한발 먼저 움직여야 한다고요. 지금 보면 하나같이 실판매 증대를 위한 결과물은 없고 여전히 시장 탓, 경쟁사 탓만 하고 있잖습니까? 월말 마감회의가 이런 패턴으로 계속 된다면 우린 1년 내내 닭 쫓던 개 지붕 쳐다보는 꼴만 될 겁니다. 분명히 말하지만 시황 정보만 늘어놓고 실판매 결과물이 없는 파트장은 앞으로 일일 보고를 받을 겁니다. 알겠습니까?"

파트장들은 대꾸할 수가 없었다. 그도 그럴 것이 오 부장은 이번 달만 해도 여러 영업 기회들을 직접 연결해 주면서 파트별 실판매 강화에 힘을 실어주었기 때문이다. 내가 지금껏 보아왔던 말만 앞세운 관리형 리더하고는 차원이 달랐다. 순간 멋있게도 보였지만 두려움이 더 크게 다가왔다. 아무것도 한 게 없는 나로선 죄인 같은 생각이 들어서 말이다. 정말이지 30분짜리 회의가 나에겐 3시간처럼 느껴졌다. 바로 그때.

"파트장들은 나가보고 박 과장은 잠깐 나랑 얘기 좀 하지."

가슴이 철렁 내려앉았다.

'헉, 무슨 말씀을 하려고 그러시나!'

"박 과장이 온 지도 한 달이 다 되어가는군. 어때? 이젠 분위기 파악이 좀 되었어?"

조금 전과는 또 달리 부드럽고 친절한 태도로 바뀌었다. 어떻게 보면 섬뜩하기도 했다.

"네, 뭐… 전반적인 준비는 어느 정도 된 것 같고요. 근데 저는 언제쯤부터 본격적으로 일을 하면 좋을까요?"

"본격적으로? 그런 게 어디 있나. 박 과장이 하고 싶은 게 있으면 지금이라도 당장 하는 거지. 그래 혹시 박 과장이 생각하는 게 있으면 편하게 한

번 말해봐."

편하게 말하라는 것이 더 불편했지만 지난 한 달 동안 나름대로 고민한 게 있어서 어렵사리 말을 꺼내기 시작했다. 솔직히 아무 말도 안 하면 방금 나간 파트장들 꼴이 될 것만 같은 생각에 지체하지 않고 의견을 내어 보았다.

"아, 네. 그동안 미래 기술시장 공략을 생각해 봤습니다. 그러니까 성장 잠재력이 큰 벤처기업에서부터 우리가 아직 컨텍하지 못한 강소기업들을 중심으로 인큐베이팅 영업작은 영업 기회를 큰 거래로 성장시키는 영업을 꾸준히 펼친다면 좀 더 시장을 선행해서 대처해 나갈 수 있지 않을까 해서요."

"아주 좋네. 내가 생각하고 있었던 바와 같군. 역시 박 과장이 감각이 있어. 영업이란 게 무조건 오래 했다고 잘하고 짧게 했다고 못하는 게 결코 아니거든. 그럼 당장 착수하도록 하고 필요한 게 있으면 언제든지 말만 하라고."

오 부장에겐 사람을 컨트롤하는 묘한 힘이 있었다. 적절한 칭찬과 맞장구 그리고 적당한 거리감을 유지하며 부하직원들에게 당근과 채찍을 쓸 줄 아는 지장에 가깝다는 생각이 들었다.

"네, 한번 해보겠습니다."

"그래서 말인데 여기 한번 가봐! 아마 도움이 될 거야."

오 부장은 은근히 츤데레 같은 면이 있었다. 전자전이 열리고 있는 전시회 티켓을 하나 무심히 건네주더니 고객 미팅이 있다며 황급히 사무실을 빠져나갔다. 오 부장은 거의 매일 같이 고객과의 점심 약속이 있는 듯 보였다. 역시 영업은 만나야 할 고객이 넘쳐날 때 빛이 난다는 말이 무엇인지 피부로 와 닿았다.

'나도 빨리 오 부장처럼 시장과 고객의 품 속으로 들어가야 할 텐데….'

난 그렇게 퇴근을 미룬 채 새로운 시장 공략을 위한 고민의 시간들로 채워나갔다. 지금 나에게 정시 퇴근이란 사치다.

다양한 영업의 세계

여긴 역삼동의 한 전시관. 이곳에서 국내를 대표하는 전자전이 열리고 있다. 입사 이후 올 수 있는 기회가 몇 차례 있었지만 그때마다 다른 일을 핑계로 한 번도 오질 않았다. 국내외 기업고객을 상대로 영업을 하는 사람들 특히, IT 업종에 있는 사람들이라면 미래의 먹거리로 떠오르고 있는 신기술과 신시장의 동향을 파악하는 데 있어서 이만한 이벤트가 없다는 생각이다. 한 가지 안타까운 것이 있다면 올해엔 우리 회사가 불참을 했다는 것. 그런 가운데 전시회에는 어느 해보다 다양한 분야의 신기술들이 대거 출동했다. 요즘 가장 핫한 인공지능과 로봇 공학에서부터 모든 디바이스가 연결되는 사물인터넷 기반의 스마트홈에 이르기까지, 정말이지 눈을 뗄 수 없는 기술의 향연들이 펼쳐지고 있었다. 그 중에서도 개인적으로 관심이 가는 쪽은 미래차 전시관이었다. ESG^{Environmental, Social, Governance의}

머리글자를 딴 단어로 기업 활동에 친환경, 사회적 책임, 경영 지배구조의 투명성 등을 다각적으로 평가하는 것와 더불어 주목을 받고 있는 전기차와 자율주행차는 이제 내연기관차의 종말을 선언하며 단순히 굴러가는 기능의 자동차가 아닌 비즈니스와 생활의 편의가 한데 어우러지는 모빌리티의 혁신으로 거듭났다.

'움직이는 차에 프린팅 시스템을 갖추면 어떨까?'

이런 생각들이 스쳐 지나가고 있는 순간,

"어, 너 태출이 아니냐?"

귀에 익은 목소리와 함께 터프하게 내 어깨를 감싸는 손길에 순간 놀라면서도 이내 반가움이 몰려왔다.

"누구? 아… 영석이… 진짜 반갑다. 그런데 여기 어쩐 일이냐?"

김영석! 함께 경영학을 공부했던 대학 동창으로 몇 년 전 동기 결혼식 이후 오랜만에 보는 반가운 얼굴이다. 그런데 알고 보니 이곳 전시관 내 국내를 대표하는 전자부품 업체의 영업대표로 나와 행사 진행을 돕고 있다는 것이다.

"아니 너 내가 알기론 마케팅 쪽에서 근무하지 않았어? 언제 영업으로 온 거야?"

"맞아! 그동안 마케팅 기획일만 쭉 하다가 아무래도 현장에서 직접 고객과 소통해보고 싶다는 생각이 들어서 4년 전에 자원해서 왔어. 사실 우리 회사에서 크려면 경력 관리상 영업을 한번은 거쳐줘야 하거든. 운좋게 기회를 잘 탄 거지 뭐."

"그렇구나. 너 참 대단하다. 그렇게 스스로 영업을 다 지원하고."

"대단하긴. 아 맞아, 너네 회사도 여기 있겠구나!"

"아냐, 우리 회사는 이번엔 불참했어. 회사가 여러 가지로 좀 복잡하거든. 그리고 실은 나도 이번에 영업으로 오게 됐어. 그래서 말인데 넌 어떻게 영업을 배운 거냐?"

"아 그랬구나! 의외인데 태출이가 영업을 다하고. 그래도 야, 완전 축하한다. 아, 영업을 어떻게 배웠냐고 물었지? 일단 기본적으로는 오래전부터 친하게 지내던 영업 쪽 선배로부터 많은 조언을 받아왔어. 그리고 우리 회사는 누구든지 영업 이수 교육 6개월 코스를 수료해야 영업에서 일할 수가 있거든."

"뭐? 6개월씩이나?"

"뭘 그리 놀라냐? ICM 같은 회사는 1년도 더 하는데 뭐."

난 한마디로 우물 안 개구리였다. 영업에서 일하기 위해 이렇게 많은 준비와 공부를 해야 하는지 미처 몰랐다. 그리고 무엇보다 영업에 대한 강한 열정이 느껴지는 영석이를 보니 순간 내 자신이 작아지는 느낌마저 받았다. 나중의 만남을 기약하며 바쁜 영석이와는 그렇게 헤어졌다. 그리고 곧바로 전장 솔루션 부스로 이동했다. 내 개인 주식계좌에 담긴 기업 중 하나를 보기 위함이었다. 해당 기업은 이 분야에서 대표 기업으로 불리고 있었는데 그저 포탈 검색이나 주식 창으로만 살펴보다가 실제 취급하는 제품들과 솔루션들을 눈으로 보니 감회가 새로웠다.

"이것은 저희 자체 기술로 개발한 지대공 유도무기에 들어가는 회로로써 현재 중동을 포함한 다양한 지역으로 수출이 되고 있으며… 또한 저것은 실시간 작전 능력을 향상시키는 지휘통제 통신감지 시스템으로써 실시간 비행 통제와 자동 이착륙에 필요한 정밀 영상을 송수신하는…."

대충 얘기만 들어도 첨단 장비를 갖춘 엄청난 기술이라는 생각이 들었다. 최고수 영업팀장. 나는 궁금한 마음에 부스 앞 그의 명함을 하나 들고 다짜고짜 물었다.

"저 실례지만 이런 제품들은 어떻게 영업을 하나요?"

"아, 네. 저희는 기본적으로 한국 정부를 상대로 한 입찰 참여를 많이 합니다만 요즘엔 해외에 있는 유수의 방위산업체와 손 잡고 중동 국가를 중심으로 개척 영업도 많이 합니다."

"아, 네. 그렇군요. 그럼 로비 같은 것도 많이 하시겠네요?"

"하하, 그럼요. 해외에서는 로비가 아주 중요한 세일즈 영역으로 통하죠. 한 번 수주도 수조 원어치가 될 수 있기 때문에 보통은 몇 년간에 걸쳐서 영업이 이루어진다고 보면 되죠."

회사 주식을 보유하고 있다고 말하니 TMI까지 섞어가며 더욱 친절하게 설명해주는 느낌이다.

"실은 저도 영업을 합니다만 정말 멋진 비즈니스를 하시는 것 같습니다. 최 팀장님은 어떻게 이런 영업을 하시게 되셨어요?"

나는 더 이야기를 나누고 싶어 내 명함까지 건넸다.

"프린터 영업을 하시는군요. 프린터 필요할 때 구매부 통해서 연락을 한

번 드리라고 해야겠네요. 아, 그리고 전 예전부터 저만의 회사를 차리고 싶었어요. 그래서 회사 차리기 전에 무엇을 배워야 하나를 고민하다가 제일 중요한 것이 기술력과 더불어 영업이라는 걸 알게 되었죠. 영업 역시 기술 못지않은 전문 분야라는 생각이 들어서 졸업 후 다양한 기업에서 영업일만 해왔답니다. 여기가 벌써 세 번째 회사예요."

잘생긴 외모에 친절한 매너 그리고 자신이 가야 할 인생의 목표를 달성하기 위해 영업 분야에 과감히 자신을 던져온 모습이 무척이나 멋있게 느껴졌다. 그에 비해 영업을 제대로 배우지도 못했고 영업에 대한 진지한 고민도 없었던 내가 무슨 기대를 가지고 앞으로 영업을 해 나갈 수 있을지 순간 막막한 기분이 든 것도 사실이었다.

"전 직장생활 10년 만에 처음 영업 분야에 뛰어들게 되었습니다. 초면에 죄송한데 저에게 영업을 잘할 수 있는 조언 한마디만 해주시면 안 될까요?"

절박함 때문이었을까? 평소의 나답지 않게 분위기에 맞지도 않은 돌발질문을 던지고 말았다. 그런데도 그는 내게 미소를 지으며 더욱 친절하게 조언을 해주는 것이 아닌가? 그는 아예 나를 부스 내 테이블로 인도하더니 커피와 쿠키까지 내어 주었다. 순간 그가 천사처럼 보였다.

"저도 영업에 대해 더 배워야 할 것이 많습니다만 보통 세일즈맨을 병원의 의사로, 고객을 환자로 비유하곤 합니다. 고통스러운 환자에게 지금 당장 필요한 건 가족의 사랑보다는 고통의 문제를 즉시 해결해 줄 수 있는 의사의 전문성이겠죠. 마찬가지로 우리 역시 영업 전문성을 바탕으로 고객이 처한 고통의 문제를 해결해 줄 수 있는 역량을 갖추고 있어야 할 겁니다. 또한 실제로 보면 우리가 마주치는 상당수의 고객들은 자신들이 어떠한 문제를 갖고 있는지조차 인식하지 못하는 경우가 많아요. 그렇기에 우리들은 그러한 현상을 진단할 수 있는, 산업 전반에 관한 깊이 있는 통찰력을 갖출 필요가 있는 것이죠."

뭔가 뒤통수를 맞은 느낌이었다. 세일즈에 대해서 이렇듯 명쾌하고 근사하게 정리된 개념을 들어본 것이 난생처음이기 때문이었다. 순간 그가 진정한 영업 전문가처럼 느껴졌고 나도 이 사람처럼 되고 싶다는 생각이 들었다. 거기에 시종일관 상대를 배려하는 겸손한 태도는 그의 영업에 대한 견해를 더욱 빛나게 해주었다. 한마디로 내가 지금까지 알고 있었던 세일즈와 세일즈맨에 대한 편견이 깨지는 순간이었다.

'그렇구나. 이런 것이 바로 세일즈였구나!'

그와의 짧은 만남은 내 인생에서 하나의 변곡점이 되어 줄 것만 같았다. 헤어질 무렵 그는 내게 영업을 이해하는 데 도움이 될 만한 몇 권의 책들까지 추천해 주었다. 또한 영업은 학습과 훈련을 통해 누구든지 성장할 수 있다고 용기까지 북돋워 주었다. 전시관을 얼추 다 둘러본 후 지하 서점에서 그가 추천해준 모든 책들을 구입해 집으로 돌아와 이 책 저 책 빨려들 듯 읽다보니 밤 12시가 넘은 줄도 몰랐다.

"여보, 안 자고 뭐해? 일찍 출근하려면 얼른 자야지."

"그래, 알았어. 먼저 자. 나 조금만 더 보다가 잘게."

요즘은 더더욱 아내가 하고 싶은 공부를 맘 편하게 할 수 있도록 지원해주고 싶다는 생각이 든다. 그렇게 되기 위해선 하루라도 빨리 영업에서 성과를 내고 이 부서에서 자리매김해야만 한다. 나는 신입사원도 아닐 뿐더러 오 부장이 언제까지나 나를 지금처럼 봐줄 수는 없을 테니까. 그래도 오늘은 분명한 소득이 있었다. 그것은 오늘에 처한 나의 현 위치를 분명하게 자각할 수 있었다는 것, 영업이라는 것이 무엇이며 세상에는 참으로 다양한 영업의 세계가 있다는 것을. 그렇게 나는 한 발 한 발 내딛어 가고 있었다.

감격의 첫 수주

"안녕하세요. 저는 P사에서 프린터 영업을 담당하고 있는 박태출 과장이라고 합니다. 혹시 총무과로 연결을 부탁드려도 될까요?"

"네, 여기가 총무과입니다만 무슨 일이시죠?"

"네, 다름이 아니고요. 저희 회사의 프린터 제품을 제안드리고 싶어서요. 혹시 구매를 담당하시는 분과 통화를 좀 할 수 있을까요?"

"지금 담당자가 자리를 비워서 통화가 어렵습니다. 나중에 다시 연락주세요."

입장이 180도 바뀌었다는 말은 바로 이런 경우를 두고 하는 말이었다. 총무부에서 일하던 시절 나는 회사에 필요한 각종 자재나 물품 관련해 무수히도 많은 구매 권유 전화를 받아봤기 때문이다. 당시 내가 주로 했던 답변은 '지금 바쁘다', '이미 거래처가 있다' 정도였다. 그때는 별 대수

롭지 않게 받고 끊었는데 지금은 반대로 내가 이런 답변을 하루에도 몇 번씩 듣고 있다. 영업부서에 온 지도 벌써 3개월, 나는 지금 낯선 고객들과의 만남을 위해 콜드콜낯선 가망 고객과의 미팅 약속을 잡는 전화 영업 스킬을 하고 있는 것이다. 그간 열심히 콜드콜을 하고 어렵게 어렵게 잠재 고객에게 판매 제안을 해보았지만 아직까지도 성과로 이어진 케이스는 없었다.

"박 과장, 너무 조바심 갖지는 말고 콜드콜은 그저 '씨 뿌리는 거다'라고 생각하라고."

시간이 흐를수록 오 부장의 격려가 격려로만 들리지 않는 건 내 자신에게서 비롯된 자격지심일 수도 있겠지만 이젠 그보다는 나도 영업에서 성과를 낼 수 있다는 것을 보여주고 싶은 바람이 더 큰 자리를 차지하고 있었다. 그러던 어느 날, 나의 간절한 마음이 통했을까? 반가운 전화 한 통이 걸려왔다.

"안녕하세요. 박태출 과장님 되시죠? 최고수 팀장님의 소개로 연락드립니다. 프린터 구매 견적을 받아보고 싶어서 전화드리는데요. 가능하신지요?"

어찌 그를 잊을 수 있겠는가? 참으로 고마운 최고수 팀장! 몇 달 전 전자전 전시회에서 만나 영업에 대해 인상 깊은 조언을 주더니 이번엔 사막의 오아시스와도 같은 판매 기회까지 준 것이다.

'최 팀장은 정말 말 한마디 한마디를 허투루 하지 않는 사람이구나!'

고마움과 동시에 배울 점이 참 많은 사람이라는 걸 다시 한 번 느끼게 된다. 구매 담당자는 말하길 전국 지사 건물 내 시스템 업그레이드의 일환으로 적지 않은 수량의 프린터 구매가 필요하다고 했다. 나는 즉시 오부장에게 이번 영업 기회에 차질이 없도록 실무 인력을 붙여 달라고 요청했고 즉시 이선명 사원과 함께 미팅 준비를 마친 후 해당 고객사를 방문하였다.

성공적인 미팅에 이은 몇 차례의 견적서 수정 제출, 제품 테스트 등을 거쳐 약 보름 만에 대량의 프린터 공급 계약을 체결하게 되었다. 계약서 체결이 끝나고 기쁨과 감사의 소식을 최 팀장에게 전하려 했지만 아쉽게도 해외출장 중이라 연락이 닿질 않았다.

"박 과장님, 정말 축하드립니다. 이 정도 매출이면 단일 규모치고는 꽤 큰 것 같습니다."

"그러게. 선명 씨 덕분에 아주 일이 잘 진행되었어. 고마워!"

회사로 돌아오니 소식을 들은 동료들이 모두 축하를 해준다. 이제야 비로소 동료들의 얼굴 하나하나가 시야에 들어오기 시작했다. 아마도 나도 이젠 밥값 하는 사람이란 걸 증명해냈다는 일종의 안도감 때문이었던 것 같다. 그 누구보다 기뻐해준 사람은 오 부장이었다.

"박 과장, 축하해! 멋지게 해냈군. 오늘은 축하주 한잔 해야겠는 걸?"

그렇게 퇴근 후 자연스럽게 회사 근처 스시집에서 회식 자리가 마련되었다.

"부장님, 그동안 저 보시면서 많이 답답하셨죠? 부장님의 지원과 격려가 아니었다면 이번 계약은 성사되기 힘들었을 겁니다. 정말 감사합

니다."

"하하, 아냐 아냐. 지난 3개월간 박 과장이 고객 발굴하느라 얼마나 애썼는지는 내가 잘 알지. 이번 판매는 오롯이 박 과장의 집념이 이끌어낸 결과물이야. 그러니 맘껏 누리라고. 자, 내 잔 받아. 이제 와서 말하지만 내가 걱정한 건 오히려 박 과장이 너무 큰 기대를 가질까 하는 거였지. 사실 영업이란 게 그렇지… 박 과장도 이번에 확실히 느꼈을 거야. 고객을 발굴하고 영업 기회를 얻는다는 게 얼마나 어려운 일인가를. 어디 그뿐인가? 다 되었다고 생각한 프로젝트가 고객사 변심으로 갑자기 없었던 일이 되기도 하고, 또 몇 년간 아무 일 없이 잘 유지되던 고객이 예상치 못한 클레임을 제기하면서 관계가 틀어지기도 해."

오 부장이 왜 매일같이 고객들과 점심을 하는지 비로소 이해가 되었다. 그리고 그 일이 누구나 할 수 있지만 아무나 할 수 없는 일이라는 것까지도.

"물론, 그 반대의 경우도 있지. 사소해 보이던 만남이 인연이 되어 의외의 성과로 이어지기도 하니까."

"맞습니다, 부장님. 이번 계약이 딱 그 경우인 것 같습니다. 부장님께서 주신 전시회 티켓 한 장이 이러한 결과까지 낳게 해주었으니까요."

"하하, 그런가? 그렇다면 앞으론 티켓이란 티켓은 죄다 우리 부서원들에게 나눠줘야겠군."

오 부장의 이 한마디에 함께 있던 모든 동료들이 크게 웃었다. 며칠 뒤 드디어 해외 출장에서 돌아온 최고수 팀장과 점심을 할 수 있게 되었다.

　　　　　　　　전략적 판매의 고수가 된 박태출

이번 판매를 연결시켜준 것에 대한 감사의 표시를 하고 싶었기 때문이기도 했지만 영업에 대한 그의 조언을 듣고 싶은 마음이 더 컸는지도 모른다.

"최 팀장님, 반갑습니다. 덕분에 제가 첫 수주를 하게 되었습니다. 정말 감사드립니다."

"반갑습니다, 박 과장님! 별말씀을요. 전 그저 구매팀 담장자에게 박 과장님 명함을 건내준 것뿐입니다. 첫 수주 다시 한 번 축하드립니다. 그 기쁨 저도 잘 압니다."

겸손하고 친절한 그의 태도는 여전했다. 이러니 어떤 고객인들 그를 싫어할까 싶었다.

"그나저나 해외출장 일은 잘 보셨고요?"

"네, 이번 일정은 여러 가지로 힘들었네요. 얼마 전 납품되었던 장비들에서 불량이 발생하면서 고객의 불만이 이만 저만이 아니었어요. 제가 보기엔 조작 미숙에서 비롯된 원인도 큰 것 같은데 일방적으로 장비 교체를 요구하니 제가 안 갈 수가 없었던 거죠."

"진짜 난감하셨겠네요? 그래 어떻게 해결은 잘 보셨나요?"

"네, 다행이요. 이런 경우는 고객들에게 충분히 조작 훈련을 시키지 못한 결과에서 비롯된 것도 있기 때문에 원래 일정보다 더 시간을 할애에서 매뉴얼 교육을 철저히 시키고 왔답니다."

"아, 힘드셨겠어요."

"그래도 이런 클레임 때 확실히 고객에게 눈도장을 찍어주면 더 신뢰가 커져서 전화위복이 되는 경우가 많죠. 문제는 이 고객 덕분에 다른 중요한 고객을 케어하지 못한 게 영 마음에 걸리네요."

"그게 무슨 말씀이시죠?"

"박 과장님도 잘 아시겠지만 회사 내에 인력 이동이 1년에 한두 번씩 있잖아요. 저희 주요 고객사 키맨인 담당 부서장이 다른 계열사로 갑자기 떠나버린 바람에 전혀 모르는 분이 내정이 된 거예요. 이런 경우엔 빨리 뉴페이스와 미리 접촉을 해서 인게이지먼트engagement고객과의 정서적 유대감을 총칭하는 의미를 형성해야 하는데 제가 파악한 바로는 벌써 몇몇 경쟁사에서 내정자를 만나고 갔다는 겁니다. 물론 뭐 그렇다고 전적으로 불리한 건 아니지만요."

최 팀장의 말을 듣고 있노라면 마치 영화 속 007 스파이물의 첩보작전을 연상케 된다. 국내외를 안방 드나들 듯이 오가면서도 항상 고객의 동태를 살피고 정보 수집에 촉을 세우고 있으니 말이다.

"박 과장님은 어떠세요? 영업일은 할 만하세요?"

"이제 첫 수주를 했습니다만 그 기쁨도 잠시인 것 같아요. 앞으로가 걱정입니다. 솔직히 말씀드리면 저도 최 팀장님처럼 확고한 영업 철학과 비전을 갖고 일해보고 싶은데 뭔가 체계적인 영업 공부가 필요하다는 생각이 많이 듭니다."

"그러실 수 있습니다. 많은 사람들이 영업에 대해 몸으로만 부딪혀서 익히는 일쯤으로 생각하기 쉬운데 실은 전혀 그렇지가 않죠. 그 어떤 일보다 전략적이고 전술적인 역량을 필요로 하는 게 영업이라고 생각합니다. 한번 회사에 요청을 해보세요. 영업 교육 받아보고 싶다고요."

그런 생각이 없었던 것은 아니었다. 지금의 회사 사정상 영업 교육을 위해 며칠씩 자리를 비운다는 것을 바랄 수 없었기 때문이다. 그래서 각종 온라인 교육과 책을 통해 독학을 하고는 있지만 워낙에 영업에 대한 기본 바탕이 부족해서 그런지 한계가 느껴졌다.

"제가 영업 노하우 하나 알려드릴까요?"

최 팀장의 말에 귀가 솔깃했다.

"이번에 저희 회사에 박 과장님 회사 프린터가 납품이 될 것 아닙니까? 그러면 납품 완료 시점에 구매 담당자에게 이렇게 요청을 해 보세요. 다른 계열사 구매 담당자들에게 추천과 연결을 해달라고요."

나로서는 이번 판매 한 건에만 목숨을 건 나머지 생각조차 할 수 없었던 아이디어였다.

"보통 영업하는 사람들은 계약 종결이 되면 그걸 끝으로 알아요. 그러다가 문제가 하나 터져야 비로소 고객을 만난다고 부산을 떨죠. 이런 것들이 일상이 되면 추가로 연결될 수 있는 판매 기회를 차단하는 결과가 됩니다. 고객들이 싫어하는 게 바로 그런 거죠. 박 과장님께서 예전 부서에서 구매하셨던 때를 생각해 보세요. 그런 사람들 보면 얄밉다는 생각 드시지 않으셨나요?"

"맞아요. 그러고 보니 그러네요. 물건 팔고 대급 지불하기 전까진 온갖 대접을 하겠다고 난리더니 막상 대금이 지급되고 나면 꼬빼기 한번 안 비추는 영업사원들이 비일비재 했죠."

"바로 그게 장사꾼과 프로 영업인의 차이입니다. 계약 종결 후 타 계열사 추천 요청은 고객으로 하여금 해당 영업사원에 대한 긍정적인 잔상을 남긴답니다. 그만큼 당당함과 신뢰감을 심어주는 거죠. 한 가지 더 팁을 드리자면 납품 이후에 일정기간 동안만이라도 납품 이전보다 담당자를 더 많이 만나세요. 그렇게 하면 납품이후 불안해하는 고객을 케어하면서 점수도 따게 되고 추가 요청에 대한 자연스러운 기회도 얻을 수 있어 여러모로 장점이 많을 겁니다."

"오! 이해가 갑니다. 정말 대단하시네요! 이거 점심 대접만으로는 너무 부족하겠는데요?"

귀인이라는 것이 바로 이런 것일까? 언제나 하나를 물어보면 또 다른 열의 가르침을 주는 사람. 그게 지금의 나에겐 최고수 팀장인 것이다. 어떻게 이런 사람이 지금 내 앞에 앉아 있는 것일까? 알고 보니 나이는 나보다 어리지만 정말 그에겐 형님 같은 아우라가 뿜어져 나온다. 마음 같아선 그를 영업의 스승으로 모시고 항상 따라다니며 배우고 싶을 지경이었다. 최 팀장이 오늘 해준 이야기들을 종합해 보면 고객과의 관계에서 가장 중요한 것은 바로 신뢰이며, 그 신뢰를 유지하기 위해 영업 대표는 판매가 이루어지기 이전보다 이후의 대처에 더욱 만전을 기해야 한다는 것이었다. 몇 번을 강조해도 지나침이 없는 중요한 이야기가 아닐 수 없다.

메기를 풀다

지금까지 나는 고과 대상에서 중간 평점자에 해당되었다. 즉, 신입사원처럼 일정기간 역량 평가가 가능한 수준에 다다를 때까지 일종의 평가 유예기간을 받은 것이다.

그러나 새로운 평가시즌이 다가오면서 나에게도 정식 영업목표가 부여되었다. 사실상 이제부터 진짜 영업이 시작되는 것이다. 그리고 다음 주에는 부여받은 목표에 대해 각 파트장과 오 부장이 1:1 이의조정 협의를 시작한다. 나 역시 신시장 TF의 파트장으로서 정식으로 오 부장과 협의하게 되었다. 이곳에 온 지 딱 6개월 만이다.

"박 과장이 이 회사들을 한번 맡아서 잘 키워봐!"

오 부장은 자신이 직접 발굴한 몇몇 고객사까지 내게 위임했다. 오 부장은 자신이 고안한 고객사 그룹핑 기법을 통해 고객을 가치 특성별로 4개의 범주로 나누었는데 각각은 주력그룹, 도전그룹, 지원그룹, 육성그룹이었다. 이중, 현재의 가치는 좀 떨어져도 미래 가치가 큰 도전그룹을 신시장 TF가 맡아줄 필요가 있음을 역설하면서 우리 파트의 경쟁력 보강을 위해 경력 8년차의 고필승 과장까지 내정해 놓았다고 했다. 그러니까 신시장 TF는 나를 포함 고필승 과장, 이선명 사원 이렇게 셋이 한 파트원이 되어 조만간 조직이 재편될 예정인 것이다.

"그리고 나 역시 신시장 TF가 매출 안정화를 이룰 때까지는 측면 지원을 계속할 걸세. 어때? 이 정도면 해볼 만하겠지?"

"부장님의 배려에 감사드립니다. 그런데 부장님? 그냥 궁금해서 그러는데요. 왜 고필승 과장을…?"

나는 말끝을 흐리면서 물었다. 아직까지는 영업부서 전체에서 영향력이 작은 나로서는 찬밥 더운밥 가릴 처지는 아니었지만 그래도 파트장으로서 이를 안 물어볼 수는 없었기 때문이다.

특히, 고 과장의 경우 나보다 입사는 2년이 늦지만 나이가 한 살 위였고, 무엇보다 자기 주장이 다소 강해서 종종 윗사람들과 갈등을 빚어왔다는 이야기를 들었기에 내 입장에선 다소 부담스러운 면이 없지 않았다.

"신시장 TF의 경우엔 시장 개척 경험이 있으면서도 영업적으로 힘이 되어 줄 사람이 필요하다고 판단했지. 박 과장에겐 큰 도움이 될 거야. 힘을 합쳐서 좋은 결과물을 함 만들어 보라고."

인사라는 게 보는 관점에 따라 달라지는 것도 있지만 오 부장의 말은 객관적으로도 일리가 있었다. 다만 고 과장의 경우 언제든지 나의 자리를 대체할 수 있는 역량과 경험을 가지고 있다는 점에서 장기적으로는 내게 위협이 되는 존재임에는 틀림없었다. 한마디로 조용한 논에 메기를 풀어놓은 효과를 보고자 한 것이랄까? 역시 오 부장은 지략가라는 생각이 들었다. 며칠 후 조직이 재편되고 처음으로 맞이하는 신시장 TF 전략회의가 시작되었다. 내년도 개인별 목표 달성 방안들을 공유하고 의논하는 것이 주된 목적이었는데 영업부에 와서 처음으로 내가 직접 주관하는 회의다 보니 감회가 새로웠다.

"자, 그럼 회의 시작합시다. 먼저 이선명 사원부터 발표해 주세요."

"네, 저는 의료기기 시장을 중심으로 우리가 그동안 놓쳐왔던 영업의 사각지대들을 개척해 보고자 합니다. M사의 경우 한때 저희와 거래가 빈번하기도 했었습니다만 재작년부터 담당자가 퇴사하면서 관리가 전혀 되지 않고 있습니다. 이 부분을 공략해서 판매를 확대해 나가겠습니다. 이상으로 발표를 마치겠습니다."

이선명 사원은 입사 2년차라고 하기엔 믿기 어려울 정도로 역량이 급격하게 향상되었다. 문제는 최근 이렇게 젊고 유능한 직원들의 조기 퇴사가 늘고 있는데 그러다 보니 회사 측에선 이들에게 너무 많은 부담을 주지 말라고 신신당부를 해 온다는 점이다. 다음은 고필승 과장의 차례다.

"저는 현재 전국 스터디카페에 PC와 정보기기 제품을 공급하는 대형 딜러들을 대상으로 인센티브 프로모션을 기획 중입니다. 구체적으로는 5대 거점 도시별로 가장 크고 유력한 업체들을 선정해 볼륨별 인센티브를 대폭 강화한다면 충분히 승산이 있다고 판단됩니다. 이상입니다."

역시 듣던 대로 고 과장은 거침이 없고 공격적이었다.

"고 과장님, 근데 지금 발표한 내용은 유통 쪽과 마찰이 될 수 있어 보이는데 그에 대한 보완책은 있나요?"

"파트장님, 저는 지금 우리가 그런 걸 따질 때가 아니라고 생각합니다. 물론 시장의 혼선이 없을 순 없겠죠. 그렇다고 우리의 유통점들이 전국의 스터디카페를 다 커버하는 것도 아니잖습니까? 지금 우리 신시장 TF는 하루빨리 매출을 키워서 정상적인 부서로 거듭나야 한다고 생각합니다.”

“음… 저는 지금 신시장 TF 조직 확장과 관련된 질문을 드리는 게 아닙니다. 고 과장께서 발표하신 전략이 유통 영업부에서 하는 것과 무엇이 다른 것이고 또 그것을 진행한다고 할 경우 예상되는 마찰을 어떻게 보완할지에 대해 묻고 있는 겁니다.”

최대한의 예우를 갖춰서 우려하는 것들을 물었지만 고 과장은 듣던 대로 직진이었다.

“죄송하지만 그건 상황을 정확히 파악하지 못하고 하신 말씀이신 것 같습니다. 유통 쪽에서도 매출이 되는 시장이라면 지금 어디든 시장을 개척하고 있어요. 이런 판국에 저희가 주저할 이유가 있을까요?”

“아니, 안 된다고 하는 게 아니라…”

틀린 말만은 아니었지만 논의를 하고자 함인데 마치 싸우자고 덤벼드는 것처럼 느껴졌다. 순간 앞으로의 일들이 순탄치만은 않겠다는 생각이 들면서 골치가 아파오기 시작했다. 사실 말이 파트장이지 파트장들이 특별한 권한을 가진 건 아니었다. 내가 바라는 것은 가급적 기존 시장이 아닌 새로운 시장에서 제값을 받을 수 있는 영업으로 판매의 차별화를 이루는 게 중요하다는 걸 말하고자 함이었는데 오로지 매출 확대로만 접근하려는 고 과장이 내 입장에선 영 못마땅했다.

하지만 고 과장의 말이 부정할 수 없는 현실이기도 했다. 엄밀히 말해 애당초 신시장 TF라는 조직의 영업 범위가 별도로 정해진 바 없었으니 말이다. 아마도 영업 경험이 많은 고 과장의 눈에는 내가 너무 안이하거나 고

상하게만 비춰졌을 것이다.

"하하하! 우리 박 과장님이 드디어 현
실 영업 세계에 들어오셨구만."

이것저것 답답한 마음에 동기 고영
철 과장을 찾았다. 역시 이럴 땐 동기가
있다는 것이 얼마나 다행인지 모른다.

"그런데 내가 오 부장이었어도 마찬가지였을 거야. 내가 영업을 오래한 사람도 아니고 그렇다고 실적이 뛰어나거나 전도가 유망한 사람도 아닌데 굳이 리스크를 오롯이 떠안을 필요는 없었을 테니까. 솔직히 말하면 고필승이 하는 말이 틀린 건 없다고 생각해. 근데 왜 나는 짜증이 나는 걸까?"

"워워, 진정해. 왜 이리 자신을 폄하하고 그러실까? 마이 프렌 박태출 씨!"

"내가 비록 영업을 시작한 지는 얼마 안 되었지만 가격 출혈 경쟁식의 영업은 정말 하고 싶지가 않거든. 영철아, 니가 봐도 내가 하는 말이 순진한 소리로만 들리니?"

"아니, 꼭 그런 건 아닌데, 설령 그렇다 하더라도 목표는 채워가면서 하고 싶은 일들을 해야 하지 않겠어? 왜 그런 말도 있잖아. '그들은 다리를 놓아가며 다리를 건너갔다.' 물론 말처럼 쉬우면야 나 역시도 요즘처럼 영업에 대해 회의적인 입장이 되진 않았겠지만 내 생각에는 고 과장이 그 다리 놓는 역할을 잘해줄 수도 있어 보이는 걸? 넌 그저 그 다리를 건너가면서 하고 싶은 일을 하면 되는 거고. 그러니까 오히려 고 과장과 잘 지내보는 건 어때?"

영철의 조언은 복잡한 내 머리를 단번에 정리해 주었다. 최근 목표 달성 계획에 대한 과몰입, 내가 펼쳐보고 싶은 영업에 대한 청사진, 거기에 고 과장에 대한 사사로운 감정들이 복합적으로 작용하면서 상황을 냉철하게 바라보지 못했음을 깨닫게 된 것이다.

"그나저나 너 그 뉴스 들었어? 아직까지는 뇌피셜인데… 우리 회사 내년

쯤 M&A 당할지도 모른다던데?"

"아니 전혀! 그게 무슨 소리야?"

"너가 요즘 확실히 바쁘긴 바쁜가 보구나! 레이더망 돌릴 틈도 없는 거 보니. 너가 그래도 명색이 경영지원팀 출신이니까 한번 자세히 알아봐. 실은 내가 너한테 묻고 싶었던 거니까. 혹시 아냐? 명퇴금이라도 두둑하게 받고 나갈 수 있을지."

예상치 못한 영철의 이야기에 불길한 느낌이 찾아 들었다.

피하고 싶은 것들

"박 과장, 이번 달 마감 진척률하고 다음 달 예상 실적이 어떻게 되지?"

"네… 그게… 현재까지는 40% 정도만 진척된 상태입니다. 그리고 다음 달의 경우는… "

이제 나도 가시방석 같은 파트장 매출마감 회의에 예외 없이 참석해 진땀을 빼는 처지가 되었다.

"이번 달 벌써 절반이 지나갔는데 괜찮겠어? 그리고 파이프라인 구성이 어째 다 C등급이야? 발굴만 하고 진척은 안 시킬 건가? 도대체 뭐가 문제지?"

"그게, 분명히 이번 달에는 계약을 할 것으로 봤는데요. 내부에서 무슨 일이 있었는지 이유는 말을 안 해주고 보류되었다고만 합니다."

"그래서? 파트장이 그게 할 소리야? 가만히 앉아서 기다리고만 있을 거냐고! 여기 부러지면 대안은 뭔데? 죄다 C등급 가지고 다음 달 매출 확실히 메이드할 수 있겠어? 내가 시장과 고객을 선행해야 한다고 몇 번을 말했어?"

다음 달이면 내가 영업부서에 온 지도 어언 1년이 다 되어 간다. 그러나 오 부장의 시장과 고객에 대한 영업 선행론을 반복해서 듣고 있노라면 내 자신이 10년은 더 늙어버린 느낌이 들었다. 동시에 왜 그토록 영철이가 영업에 대해 회의적이었는지도 이제는 알 것만 같았다. 하지만 정말이지 이대로 가다가는 실적이 없는 몇 달을 계속 맞이할 수도 있겠다는 불길한 생각이 자꾸만 올라왔다.

'이건 내가 예상한 그림이 아니었는데… 정말 답답하네.'

하루 종일 오 부장의 영업 리더십에 대해서도 생각을 해보게 되었다. 분명 기존에 보아왔던 다른 영업 관리자들과는 달리 오 부장은 직접 영업을 뛰면서 영업 기회를 만들어내는 소위 솔선수범형의 실무형 관리자라 말할 수 있었다.

그래서 그런지 아무도 그의 리더십에 반하거나 불만을 갖는 사람은 보이지 않았다. – 적어도 겉으로는 – 또 인사나 관리적인 측면에서도 크게 문제 삼을 것이 없었다. 다만 몇 가지 아쉬운 부분을 꼽으라면 '영업 방법'에 대한 구체적인 가르침이 없다는 점과 실적 관리에 있어서만큼은 여전히 과거의 다른 관리자들과 다를 바 없이 '쪼고 압박하며 다그치는' 것이 패턴화 되어 있다는 점이었다. 위기의식을 느낀 나는 이렇게 가면 안 되겠다 싶어 오 부장에게 면담을 요청했다.

"부장님, 제가 회의 때 변명으로만 일관해서 속상하시죠? 저도 잘해 보고 싶은데 마음처럼 잘 되질 않네요. 죄송합니다."

"무슨 소리야, 박 과장! 지금까지 잘해주고 있어. 박 과장이 나중에 내 입장이 되면 알겠지만 이 자리가 나를 그렇게 만드네. 사실 회사 분위기가 정말 좋지가 않아. 늘 강조해 왔지만 이번에는 윗선의 위기의식이 예전과는 또 다른 것 같아. 요즘은 나도 위에 불려 가면 좀 심하다 싶을 정도로 말을 많이 들으니까."

오 부장의 말은 사실이었다. 가끔 다른 부서 사람들과도 이야기를 해보면 그나마 선방하고 있는 우리 부서가 낫다는 생각이 들곤 했다.

"부장님, 그래서 말인데요. 제가 좀 더 영업을 잘하고 싶어서 영업 목표로 잡은 판매 기회들이 진전이 잘 되질 않습니다. 열심히 찾아가서 이야기도 나누고 제안도 많이 하고 그러는데 도대체 뭐가 문제인 걸까요?"

오 부장은 잠시 머뭇거리더니 말을 이었다.

"그래, 박 과장의 고민이 뭔지 알겠어. 결론부터 말하면 나도 20년 넘게 영업을 해오고 있지만 박 과장과 같은 고민에서 나도 늘 자유롭지만은 않아. 내가 왜 매일 고객을 만나러 다니는 줄 아나? 그게 내가 배운 최선의 영업 방식이기 때문이지. 어떤 사람은 내가 무슨 특별한 기술이라도 있어서 영업 기회를 가져오고 그러는 줄 알겠지만 그런 건 전혀 없어. 박 과장도 알다시피 내가 위임해준 거래선들도 아주 오래전부터 인연을 맺어온 곳들이야.

물론, 당시의 멤버들이 지금은 많이 바뀌었지만 말이야. 결국 나와 끈끈하게 인연을 맺은 사람들이 어느 업종, 어느 회사를 가더라도 언제나 소통하고 품앗이할 수 있다는 게 나의 유일한 영업 자산이라면 자산이라 할 수 있겠지. 하나 더 얘기한다면 난 지금껏 주말에도 가족과 시간을 제대로 보내 본 적이 별로 없어. 늘 고객과 시간을 함께 했지. 그런 면에서 볼 때 박 과장은 이제 영업한 지가 겨우 1년 정도밖에 안 되었으니 아무래도 나보다야 영업 자산이 부족한 게 당연한 것 아닐까?

그렇지만 일전에도 얘기했듯이 영업을 꼭 오래 했다고 잘하는 건 아니라고 생각하네. 거 왜 지난 달 PC 직판에서 대형 프로젝트건 수주한 친구도 입사한 지 얼마 안 된 친구였잖아. 박 과장의 어려움을 이해 못하는 바는 아니지만 결국 그 허들을 뛰어넘어야 할 사람은 바로 박 과장 자신이어야 할 거야. 영업 환경도 빠르게 바뀌고 있어서 나 같은 영업 방식이 앞으로 얼마만큼 실효성이 있을지는 모르겠지만 분명한 건 어떠한 영입도 그 중심에는 결국 사람이 있다는 걸 강조하고 싶네. 속시원한 답변을 못해준 것 같아 미안하구만. 힘내, 박 과장!"

종종 느끼는 거지만 오 부장을 직장 상사가 아닌 인생 선배로 만났다면 더 좋았겠다는 생각이 들었다.

오 부장은 친절하면서도 진지하게 나의 고민을 들어주었고 또 나름대로 자신의 처지에서 해줄 수 있는 진솔한 조언을 아끼지 않았다. 마음을 열고 내 고민을 직접 털어놓기를 잘했다는 생각이 들었다.

하지만 오 부장도 인맥 영업을 함에 있어서 어떤 체계적인 영업 방법을 가지고 있지는 않다는 점이 다소 아쉽게 느껴졌다. 인맥 영업이 중요하다는 걸 모르는 영업인은 아마 없을 것이다. 다만 지금은 시대와 세대가 바뀌어가고 있고 그만큼 고객의 요구 사항도 점점 더 까다로워지고 있기에 보다 효율적인 관계 영업에 대한 연구와 고민이 있어야 한다는 생각이 들었다. 또한 지금의 내 경우만 놓고 보면 당장 없는 인맥을 속성으로 만들 수도 없는 노릇이었다. 지금의 나에겐 뭔가 새로운 돌파구가 필요하다는 생각이 자꾸만 들었다.

"오랜만이야, 박 과장! 영업 잘하고 있다고 소문이 자자하던데? 한 잔 받게나."

"부장님도 참, 누가 그런 헛소문을 퍼뜨리나요? 저도 한 잔 올리겠습니다."

오랜만에 인사과 김안배 부장과 만나 술잔을 서로에게 건넸다. 그동안 김 부장에게 소주 한 잔 사달라고 조르기를 수차례, 회사 돌아가는 정황도 궁금하고 영철이가 일전에 말했던 M&A건도 확인할 겸 겸사겸사 어렵게 날을 잡았다.

"부장님, 요즘 어떻게 지내세요?"

"어휴, 말도 마. 사람은 부족한데 위에서 바라는 건 많고, 일들이 산더미야."

"그러게 왜 저를 영업으로 보내셨어요?"

김 부장의 엄살과 나의 너스레가 오고가며 한 잔, 두 잔 기울이다 보니 예전 함께했던 일들이 떠올라 분위기가 제법 달아올랐다.

"아니, 진짜로 가끔 부서장 회의 때 오 부장 만나면 박 과장 칭찬을 그렇게 많이 하더라고. 이제 박 과장 영업하는 사람 티가 확 나는 것 같아. 대단해.”

“아닙니다. 영업이 보람도 있지만 역시 만만치가 않은 것 같아요. 시간이 흐를수록 어렵네요.”

“그럴 거야. 영업, 그거 아무나 하나. 우리 회사도 한 단계 업그레이드될 때가 되었지. 영업 방식도 그렇고 사람도 그렇고.”

“그게 무슨 말씀이세요?”

예전 같지 않게 김 부장이 오늘따라 술이 금방 취하는 것처럼 보였다.

“나도 얼마 안 남은 것 같아. 가끔은 영업하는 사람들이 부러울 때도 있다네.”

“아니, 오늘따라 우리 부장님 새로운 모습을 많이 보여 주시네요. 무슨 일이라도 있으세요?”

“무슨 일? 그런 게 어디 있겠나? 요즘은 예전 같은 끈끈한 조직 문화도 없어지고, 회사도 점점 어려워지니 식막해서 그렇지. 이제 빠르게 세대가 바뀌어가는 느낌이랄까! 참 갈수록 버거운 세상이야.”

회사와 운명을 같이 해왔다고 해도 과언이 아닌 김 부장의 입에서 저런 소리가 나온다는 건 확실히 회사에 뭔가 사정이 있음을 시사하는 것이었다. 난 이때다 싶어 단도직입적으로 묻고자 했던 질문을 무심한 듯 툭 던졌다.

“저희 회사 인수되나요?”

“아니… 박 과장이 그걸 어떻게?”

갑작스런 나의 질문에 붉게 취기가 올라온 김 부장의 입에서 진실을 의미하는 발언이 흘러나왔다.

'영철이가 한 말이 괜한 소문만은 아니었군.'

"그게 헛소문만은 아닌가 보군요?"

한참 뜸을 들이더니 김 부장이 입을 열었다.

"사실이야. 어차피 곧 자네도 알게 될 테니까…(중략)… 그렇게 된 걸세."

영철의 말이 맞았다. 이제 몇 달 후면 공식적으로 발표가 나온다고 했다. 세계적인 오피스 솔루션 기업인 TOS사가 우리의 새 주인이 되고 그 과정에서 프린터 사업부만을 제외한 나머지 부문들은 모두 매각이 진행될 거라고 했다. 그야말로 엄청난 뉴스였다.

"회사는 매각되는 사업부 인력들에게 심심치 않은 위로금 지급과 프린터 사업부 인력의 100% 고용승계 조건을 요구하고 있지만 TOS는 위로금에 비례해 인력의 감원을 요구하고 있지."

어느 정도 마음의 준비는 했지만 막상 듣고 보니 더욱 충격적으로 다가왔다. 이후 연거푸 술을 마신 김 부장은 평소대로 그만 잠이 들어버리고 말았다.

실적 부진 퇴출 1순위

몇 달 후 김 부장의 말대로 회사 관련 인수와 매각 사실이 공식적으로 기사화되었다. 직원들은 여기저기서 사실 확인을 위해 걸려온 전화들을 처리하느라 정신이 없었고, 동시에 경영진은 수일 전부터 미리 준비된 시나리오대로 직원들의 처우 문제를 발 빠르게 대응하고 있었다. 난 그날 김 부장과 나눈 대화가 머릿속에 선명하게 떠올랐다.

"전체적으로 인력을 최대한 정리할 예정이야. 곧 부서장과 면담이 있을 걸세."

"정말입니까?"

"아무래도 저성과자들이 우선순위가 되겠지. 적정 위로금이 지급될 거야."

하늘이 노랬다. 그런 식이라면 부서 내에서 가장 실적이 부진한 퇴출 1순위는 바로 나였기 때문이다.

"결국, 여기까지군요. 저, 정말 열심히 했는데… 진짜 영업 잘해보고 싶었는데…."

술기운이 더하면서 나도 모르게 눈물이 났다. 그렇게 약간의 침묵이 흐른 뒤, 김 부장이 갑작스럽게 말문을 열었다.

"박 과장, TF로 들어오겠나?"

순간 한 줄기 빛이 들어오는 기분이 들었다.

"두 회사 간의 안정적인 결합을 위해 조직통합 TF팀이 출범할 거야. TF가 해산하면 그때 다시 영업으로 돌아가라고."

이럴 수가! 입사 후 김 부장과 10여 년을 지내왔지만 이렇게까지 날 생각해 주리라곤 미처 생각지 못했다.

"성실했던 자네를 영업부로 보낼 때 두말없이 따라준 것도 고마웠지만 영업으로 가서도 최선을 다하고 있다는 이야기를 전해들을 때마다 박 과장이 참 대단하다는 생각을 했지. 그래서 난 박 과장과 새로운 회사에서 좀 더 함께할 수 있으면 좋겠는데…. 물론 박 과장은 다른 생각이 있을 수도 있겠지만 말야."

어디서 많이 들어본 멘트였다. 그렇게 난 급격한 변화의 소용돌이 속에서 선진 기업의 영업을 제대로 배워보고 싶다는 의지를 강력하게 내비쳤고 김 부장은 그런 나의 뜻을 적극 수용해 주었다.

어수선한 가운데 난 고객사들을 두루 만나고 다녔다.

이런 때일수록 고객들과 만나 궁금증을 해소해주고 개인적인 신뢰를 쌓아가는 것이 중요하다는 생각에서였다. 마침내 최고수 팀장이 있는 곳까지 다다랐다. 근처 커피숍에서 우린 오랜만에 커피 한잔을 나눌 수 있었다. 최 팀장도 이미 기사를 접했다며 전후사정을 물어와 그간의 일들을 모두 설명해 주었다.

"축하드립니다. 박 과장님이 그동안 영업에 성실하게 임하신 결과라고 생각합니다. TOS는 해외에서도 탄탄한 영업 문화로 유명한데 정말 잘 된 일이라고 생각합니다."

"고맙습니다. 죽다가 살아난 기분이에요. 최 팀장님은 그간 어떻게 지내셨어요?"

커피 잔을 집어 든 그의 얼굴에서 의미심장한 미소가 흐른다.

"개인적인 뉴스가 있습니다. 오늘 이렇게 오실 줄 몰랐는데 말씀드려야

겠군요. 저 회사 차립니다. B2B 영업 교육 전문회사예요. 회사가 저의 영업 전문성과 코칭 역량 등을 인정해 주어서 저희 회사는 물론 일부 계열사들의 연간 영업 교육을 제가 맡게 되었답니다. 일단은 그렇게 시작하고 점차 영업을 확대해서 외부로 뻗어 나갈 생각입니다."

"아니 정말입니까? 이거 참 빅뉴스가 연이어 터지는군요. 그런데 최 팀장님 같은 유능한 분을 회사에서 순순히 놓아 줄 리가 없었을 텐데요?"

"하하, 쑥스럽군요. 맞습니다. 쉽지는 않았습니다. 하지만 제 입장이 워낙 확고했고 또 회사의 발전을 위해서 제가 더 크게 기여할 수 있는 부분들에 대해 오랫동안 설득해 왔죠. 좋은 후임자를 선정해서 회사에는 누가 되지 않도록 인수인계도 거의 마무리했답니다."

최 팀장은 자신의 계획대로 창업을 앞두고 있었다. 그는 주도면밀하게 자신의 계획들을 한 단계 한 단계 실행시켜 온 것이다. 처음 만났을 때에도 그는 주저 없이 자신의 회사를 차리는 게 목표라고 밀했고 그것을 달성하기 위해 그 누구보다 회사일도 열심히 해왔다고 자부했다.

"저 진심으로 최 팀장님께 아니 이제는 최 대표님이라고 해야겠군요. 저야말로 최 대표님께 제대로 교육받고 싶은데요. 어떻게 방법이 없을까요?"

"하하하, 간절히 바라면 이루어진다고 하지 않습니까? 이참에 박 과장님이 힘 좀 써주시죠. TOS에서 뵐 수 있도록요. 하하하!"

'왜 아니겠는가? 하지만 내가 무슨 힘이 있다고…. 그리고 TOS 정도면 그만한 교육 체계를 이미 갖추고 있지 않을까?' 하는 생각이 들었다.

"잘 알겠습니다. 제가 힘이 될지는 모르겠습니다만 저부터 최 대표님께 교육을 받기 위해서라도 내부 세일즈를 열심히 해보겠습니다."

생각할수록 인간 최고수란 사람, 참 대단하다는 생각이 들었다. 남들은 회사 다니는 것조차도 힘겨워하는데 회사일은 물론 자신이 목표로 한 것들을 그것도 그 어렵다는 창업을 어쩜 저렇게 한 치의 오차도 없이 완벽하게 달성해낼 수 있는 것일까? 그 비결을 물어보지 않을 수 없었다.

"박 과장님의 과찬에 몸 둘 바를 모르겠네요. 저도 다른 사람들과 크게 다를 바는 없다고 생각합니다. 저 역시 실수도 많이 하고요. 왜 저라고 시행착오가 없었겠습니까? 한 치의 오차, 그런 건 없습니다. 다만 저는 다른 사람들보다 유난히 목표 설정을 중요시하는 것 같긴 합니다. 모든 성과는 목표를 합리적으로 설정하고 마음가짐을 어떻게 먹느냐에 따라 결과의 차이가 크다는 것을 몸소 체험했거든요. 그런 면에서 영업은 저의 이런 성향과 딱 들어맞는 분야라는 생각입니다.

또 하나는 전문성입니다. 저는 운이 상당히 좋은 편인데요. 저희 부친께서는 영업력이 매우 중요한 요소로 작동했던 기업을 운영하셨는데 대학 시절부터 부친의 회사에서 인턴 생활을 하면서 영업 전문성이 얼마나 중요한가를 실제적으로, 또 감각적으로 깨달을 수 있었던 것 같습니다. 말씀드렸다시피 이후 저는 영업 전문성이 발달한 회사들만을 선택하면서 영업 경력을 쌓아 왔고요."

"네, 이해가 가면서도 저로서는 그저 대단하게만 느껴집니다. 그렇지만 설령 그렇다 하더라도 모든 사람들이 최 대표님처럼 실행으로 옮기지는 못하거든요.”

“후훗, 대표는 아직까지 어색하네요. 음. 그건 이렇게 말씀드릴 수 있을 것 같아요. 제가 좋아하는 말이 있습니다. '전문가란 매우 협소한 분야에서 저지를 수 있는 모든 실수를 저질러 본 사람이다.' 이와 관련해 하나 여쭤 볼게요. 박 과장님 실행력을 강화하는 가장 좋은 방법이 무엇인지 혹시 아세요?”

“글쎄요. '피하지 않고 부딪힌다.' 뭐 이런 건가요?”

“그것도 맞는 말씀입니다. 보통 사람들은 어떤 일들을 착수하기 전에 부정적인 결과들을 먼저 떠올리고 목표를 설정합니다. 하지만 그럴 경우 가장 문제가 되는 것은 무엇이든 저질러 보겠다는 전진 마인드가 아닌 마음속에 중립 기어를 새겨 놓고 출발을 하는 꼴이 됩니다. 이미 시작할 때부터 제대로 나아갈 수가 없는 것이죠. 사실 영업에는 바이블과도 같은 프로세스와 원칙들이 있습니다. 마치 자동차를 움직이기 위한 작동 매뉴얼과 같은 것이죠. 어쨌든 중립에서 전진 기어를 넣어야 차는 가는 겁니다.”

“그러네요. 그러니까 올바른 매뉴얼을 익히고 기어를 전진에 두어야 지속적으로 실행이 가능하다는 말씀이시군요?”

“네, 맞습니다. 그래서 영업은 전진에 집중할 때 실행력이 나오고 후진에 집중하면 실행력이 나오지 않습니다.”

참으로 명쾌했다. 단순하지만 탄탄한 이론과 체험에서 우러나오는 최 팀장의 메시지는 한 편의 영업 특강이었다. 하루 빨리 그의 가르침에 동참

하고 싶은 생각이 더욱 간절해졌다. 그렇게 창업을 바로 앞둔 최 대표와의 진지한 대화가 끝날 무렵 영철이로부터 전화가 걸려왔다.

"태출아, 나 명퇴한다!"

고수의 병행전술 1 : 프로스펙팅prospecting

프로스펙팅은 고객 발굴, 고객 조사, 고객 컨텍에 이르는 과정을 묶어서 말하는 개념으로 적합한 고객을 찾고 부적합한 고객은 피하는 잠재 고객의 분류 활동으로 개념화할 수 있다.

흔히 신규 시장을 개척하거나 신규 고객을 발굴한다고 할 때 제일 먼저 착수하는 활동이 이 프로스펙팅인데 이를 잘 수행할 경우 양질의 고객만을 따로 리스트업하는 이상적인 고객 프로필 작업 단계로 넘어갈 수 있게 된다. 우선 프로스펙팅에서는 질보다 양적인 활동에 더 주력하는 게 바람직하다. 당연한 얘기지만 잠재 고객 단계에 있는 후보군이 많을수록 수주 가능성이 높아지는 가망 고객으로 이어지는 비율이 높아지기 때문이다. 다만, 이때 문제가 되는 것이 소요되는 시간과 자원의 분배다. 보통의 경우 영업 조직이나 영업 인력들은 프로스펙팅의 중요성은 인식하나 이를 잘 이행하지 않는 편인데 가장 큰 이유는 단기적인 실적에 쫓기는 현실적인 문제 때문이다. 그래서 필자는 이에 대한 해법으로 두 가지를 제시한다.

첫째, 프로스펙팅 시기를 월말 마감 후 차월 초에 바로 실시할 것과 둘째, 텔레 프로스펙팅tele-prospecting의 적극 활용이다. 먼저 영업 조직에게 있어서 계획했던 월말 매출의 달성은 생명과도 같이 가장 중요한 문제다. 그렇기에 마감 후 흐트러지기 쉬운 월초에 긴장을 늦추지 않고(월말 월초 리프레시를 짧고 굵게 한다) 개인별 또는 조직별로 형편에 맞게 프로스펙팅을 정례화해서 실시하는 것이 바람직하다. 다음으로는 전화를 통한 텔레 프로스펙팅이다. 전화는 여전히 인류가 발명한 가장 유용한 소통 도구로써 코로나로 인해 비대면 비즈니스가 더욱 활성화된 지금 더 많이 활용되는 신규고객 발굴 도구이다. 물론 전화는 어떤 사람들에게는 여전히 부담스러운 도구이긴 하다.

그렇지만 앞서 언급했던 것처럼 적합한 고객과 부적합한 고객을 분류한다는 개념만 가지고 접근해도 심리적으로 편안함을 느낄 수 있게 된다. 한가지 더 부연한다면 일반적으로 리드 생성이라고 불리는 프로스펙팅 과정에서 만일 리드(영업 기회가 되는 단서, 잠재 고객 등) 자체가 가치가 없다고 판단될 경우엔 그냥 지나치면 되는 것이고, 리드의 사이클 및 수준을 파악한 그 자체만으로도 이미 유의미한 정보를 획득한 것이 되기 때문에 만일 잠재 고객이 전화상으로 미온적인 태도를 보인다면 우린 거침없이 다음단계로 이동하면 그만인 것이다. 누가 뭐라 해도 텔레 프로스펙팅은 가장빠르고, 가장 적은 비용이 들며, 가장 높은 상호작용의 효율성을 가져다주는 세일즈 도구이자 프로세스임에는 틀림없다.

EPISODE 2.

역전을 꿈꾸다

 ## INTRO

천신만고 끝에 새로운 회사에 승선한 박태출은 전략적 판
매 기본교육 과정에 참여하는 행운을 얻게 된다. 이제는
최고수 팀장이 아닌 멘토 최고수 대표와의 인연을 더욱 강화해 가면서 박
태출은 그를 회사 내 협력 강사로 세우는 데 있어서 결정적인 역할을 하
게 된다. 그리고 그토록 바라던 전문가 영업과 전략적 판매에 관한 지식
과 경험을 최고수 대표로부터 정식 교육과정을 통해 지도받게 된다.

TF팀의 일원이 되다

　나의 새로운 회사 TOS는 클라우드인터넷 통신망에서 컴퓨팅 자원(CPU, 메모리, 디스크 등)을 원하는 대로 가져다 쓸 수 있는 서비스 기반의 토탈 오피스 솔루션을 컨설팅하고 공급하는 기업이다. 회사 내 각각의 소프트웨어, 하드웨어 사업부는 시장별 고객들을 대상으로 디지털 혁신을 지원하는 SP(Solution Provider) 영업팀과 함께 협업하는 구조다. 이를 위해 회사는 국내에 있는 주요 IT 기업들을 인수하여 이들이 보유한 고객 리스트와 경험을 활용해 시장을 확대하고자 했다. 조직통합 TF팀의 최우선 미션은 기존 TOS 인력과 새로 합류한 인력들이 실무적으로도 또 문화적으로도 잘 융화할 수 있도록 교육과 조직 재배치 작업 등을 하는 데 있었다.

　"이제 우리는 하나가 되었습니다. 물리적 결합만이 아닌 진정한 화학적 결합이 되기 위해서는 오늘 여기에 모인 조직통합 TF팀 전원이 먼저 마음을 열고 하나가 되어야 합니다. 실무통합 부문 그리고 문화통합 부문 모두 함께 손을 잡고 앞으로 나아갑시다!"

조직통합 TF팀의 총괄을 맡은 제임스 유 전무의 인사말이 끝나자 큰 박수와 함께 함성소리가 울려 퍼졌다. 새로운 문화는 직책에서부터 접할 수 있었다. 부장급 이하의 모든 직원들은 상호 '프로'라는 호칭으로, 부장급은 '매니저'라는 호칭으로 불린다. 김안배 부장은 이제 제너럴 매니저가 되어 제임스 유 전무를 직접 보좌하는 실무통합 부문의 공동 운영팀장 역할을 맡았으며, 나는 김 부장이 공동으로 지휘하는 여러 실무파트 중 영업지원 업무를 담당하게 되었다. 그리고 각 파트의 리더들은 TOS측 간부들로 세워졌는데 나를 포함한 새롭게 합류한 모든 인력들은 출근과 동시에 계획된 커리큘럼에 따라 TOS의 비전, 사업 영역, 제품과 솔루션 등에 관해 교육을 받게 되었다.

"우리 사업의 핵심은 고객들의 업무를 디지털 기반으로 전환시켜 효율을 극대화하고 궁극적으로는 그들의 사업이 성장, 발전할 수 있도록 돕는 것입니다. 그렇기에 우리는 고객의 환경을 진단하고 그 결과에 합당한 솔루션을 지속적으로 공급하는 데 중점을 둡니다."

영업지원 업무 중 직원 교육을 담당하는 수잔 백 프로의 강의가 한창이다. 그녀는 한국계 미국인으로 본사인 미국에서 한국으로 잠시 파견되어 왔다. 한국에서 태어나기는 했지만 대학 입학을 위해 부모를 따라 일찍이 이민을 간 전형적인 유학파로 미국 현지에서 대학 동창인 미국인 남자를 만나 결혼했으며 각각 초등학교와 중학교를 다니는 자녀 둘이 있다고 말했다. 당분간 남편이 아이 둘을 직접 맡을 것이며, 자신의 한국 파견을 적극 지지해 주었다고 자랑을 늘어놓기도 했다.

"수고하셨어요, 수잔 백 프로님! 한 달 동안 교육을 받고나니 이제 우리 회사가 얼마나 멋진 비즈니스를 하는 곳인지 알 것 같습니다. 다 수잔 백 프로님의 훌륭한 교육 덕분입니다."

"감사해요. 박 프로님은 앞으로 어떤 영업을 해보고 싶으세요? 다음 달이면 원하는 부문에 지원해야 하잖아요? 물론 그대로 결정되는 건 아니겠지만요."

"기업 고객의 디지털 혁신을 위한 많은 활동이 있지만 특히, 전 SaaS 비즈니스에 관심이 많습니다."

"왜죠?"

"저는 그동안 하드웨어 중심의 회사에 몸담아오면서 '고객의 성공을 돕는다'라는 개념이 마음에 잘 와닿지 않았어요. 하지만 지금은 회사의 사업 영역과 비전 그리고 솔루션 하나하나를 배우고 익힐 때마다 그 개념을 명확하게 이해할 수 있게 되었습니다. 그 중 디지털 전환을 하는 데 있어서 상대적으로 많은 어려움을 겪고 있는 기업들에게 최적의 솔루션이 되어 주는 것이 바로 SaaS임을 확신하게 되었습니다."

SaaS는 'Software as a Service'의 줄임말로 각종 IT 자원을 소유하는 것이 아닌 이미 구축되어 있는 IT 자원을 구독하는 서비스 방식을 말한다. 쉽게 말해 기업이 필요로 하는 Software를 물이나 전기처럼 빌려 쓰고, 사용한 만큼 요금을 지불한다고 보면 된다. 이미 국내외적으로 많은 기업에서는 인력 관리(HR), 공급망 관리(SCM), 고객관계 관리(CRM), 전사자원 관리(ERP), 업무용 메신저, 보안 프로그램 등을 SaaS로 이용하며 가파른 성장세를 보이고 있었다.

"와우! 박 프로님, TOS 직원 다 되셨네요. 부디, 시험도 잘 치르셔서 좋은 평점 받으시길 바랄게요."

"감사합니다. 많은 지도 부탁드립니다."

"그리고 박 프로님, 저희가 이번에 영업 교육 업체를 하나 선정해야 합니다. 일단은 1년간 파일럿으로 운영해보고 이후 평가 과정을 거쳐 정식으로 파트너사 계약을 맺을까 하거든요. 도와주실 수 있죠?"

'앗! 최고수 대표.'

그 순간 나는 빛보다 빠르게 최고수 대표가 떠올랐다. 회사는 사업 전략의 방향이 현지화 전략에 맞춰져 있었기 때문에 자체 영업 교육 프로그램을 로컬 시장 상황에 맞게 커스터마이징^{Customizing 일종의 맞춤제작 서비스}할 수 있는 교육개발 업체를 찾고 있었다. 그리고 선정 방식은 후보군들을 대상으로 경쟁 프레젠테이션을 통해 최종 선정하는 게 좋겠다는 지침까지 일러주었다.

"물론입니다."

마치 하늘은 나의 편인 듯했다. 최고수 대표와 나누었던 그 바람을 실현시킬 수 있는 절호의 기회가 찾아왔기 때문이다. 그날부터 나는 업체 선정을 위한 본격적인 작업에 착수했다. 우선은 1차 후보군 리스트를 마련하고 이 중 최종 업체를 선정하기 위한 평가 기준을 마련하는 데 있어서 최 대표가 이끄는 S&S사의 도움을 받기로 했다. 일전에 최 대표로부터 배운 것이 있었다. 모든 입찰 형식의 사업에 있어서 '수주의 관건은 사전 영업을 통해 얼마나 깊게 해당 프로젝트에 관여할 수 있는가'에 달려 있다고. 즉 최 대표가 사전 영업을 잘할 수 있도록 길을 터주는 것이 내가 할 수 있는 최선의 배려였다. 그래서 나는 경쟁 프레젠테이션 발표가 있기 훨씬 전부터 최 대표와 회사 내 주요 리더들 간의 만남까지 주선하는 등 물밑 작업을 열심히 도왔다.

"박 프로님께서 이렇게 도와주시는데 탈락하면 어쩌죠?"

최 대표는 자신감을 숨긴 채 말을 했다.

"이거 최 대표님답지 않으신데요? 지금 우린 무조건 전진 기어를 넣어야 할 때입니다."

"하하하, 이거 제가 박 프로님께 한 방 먹었는데요."

"그러니까 철저히 준비하셔서 꼭 선정되셔야 합니다. 후훗."

최 대표와 나는 점점 더 막역한 사이로 발전하고 있었다. 그리고 드디어 운명의 경쟁 프레젠테이션 날짜가 코 앞으로 다가왔다. 평가위원회는 제임스 유 전무, 문화통합 부문의 스캇 상무, 김안배 제너럴 매니저, 수잔 백 프로 이렇게 총 네 명으로 구성되었다. 그동안 최 대표는 나를 통해 이들 네 명의 리더들과 모두 인사를 나누었고 실무적으로는 나 그리고 수잔 백 프로와 꾸준히 소통해왔다. 그러니까 최 대표는 최종 업체 선정에 필요한 프레젠테이션 전략을 거의 완벽하게 준비할 수 있게 된 것이다.

"저희 S&S는 Strategy & Sales 즉, 기업고객을 대상으로 전략적 판매를 통한 상호 Win-Win의…(중략)… 이상으로 발표를 마치겠습니다."

맨 마지막 순서로 임팩트 있는 발표를 마친 최 대표는 큰 박수와 호응을 받았고 결국 S&S사는 압도적인 평점을 받아 최종 교육업체로 선정되었다.

"정말 축하드립니다. 최 대표님!"

"모든 게 박 프로님께서 음으로 양으로 도와주신 덕분입니다. 일전에는 제가 박 프로님의 첫 수주를 도왔었는데 이번에는 반대로 저의 첫 수주를 박 프로님께서 도와주셨네요. 이런 신기한 일이 생기다니요. 정말 고맙습니다."

"듣고 보니 정말 그렇군요. 당시를 생각하면 최 대표님은 제게 구세주와 같았죠. 영업이라는 곳에 처음 발을 딛고 가장 힘겨워하고 있을 때였습니다. 그때 최 대표님께서 제게 해주신 주옥같은 조언과 격려가 제 인생에 큰 전환점이 되었습니다. 제가 더 고맙습니다."

우리는 그렇게 서로의 의미 있는 성과들에 대해 진심어린 축하를 나누었다. 이제 최 대표는 TOS의 연간 B2B 영업 교육 프로그램 개발을 위해 수잔 백 프로와 함께 준비해야 했고 나는 조직 재배치 작업에 필요한 제반 준비는 물론 SP 영업팀 사내공모 지원을 위한 시험 준비에도 만전을 기했다. SP 영업팀의 일원이 되기 위해서는 1차 필기시험을 통과한 후, 2차 임원 면접을 통해 최종 합격점을 얻어야만 했다.

"당신, 학생 때 그렇게 공부했으면 정말 서울대 갔겠다. 이거라도 좀 먹으면서 해요."

아내는 밤늦게까지 불을 밝히며 시험 준비에 여념이 없는 나를 위해 정성스레 과일을 내왔다.

"하하, 그렇지. 그땐 왜 그렇게 공부하기가 싫었나 몰라. 과일 고마워, 여보!"

"당신 진짜 눈빛이 달라진 것 같아. 마치 목숨 건 사람처럼."

"맞아. 여보, 나 이번 시험에 나의 모든 걸 걸었어. 비록 내가 종교는 없지만 정말 하늘이 주신 기회라고 생각해. 당신도 잘 알다시피 내가 예전 회사 다닐 때 내 일에 대해서 만족해하는 거 본 적 있어? 오직 가족을 위해, 그저 먹고 살기 위해 열심히 일은 했지만 마음 한구석에선 늘 내 일에 대한 불만족과 미래에 대한 불안함이 가득했잖아. 그런데 지금은 모든 상황이 마치 나를 중심으로 돌아가고 있는 느낌이라니까."

"오호, 멋있어, 여보. 당신이 이렇게 열심히 하니까 나도 더 열심히 공부하게 되네. 우리 무슨 학구파 부부야?"

"듣고 보니 그러네. 하하하."

그렇게 우리 부부의 밤은 미래를 위한 준비로 신혼 때보다 더욱 뜨거워져 갔다.

멘토로 모시겠습니다

"박 프로님, 축하드립니다. 이번 사내공모 1차 필기시험에서 최고 점수로 수석을 차지하셨습니다."

수잔 백 프로가 제일 먼저 이 소식을 사내 메신저로 전해주었다. 합격자 전체 중 상위 세 명의 고득점자만 사내 게시판에 공지가 될 예정이란다. 지금까지 살아오면서 단 한 번도 1등이라는 걸 해본 적이 없던 나였다. 그런데 이번만은 달랐다. 그야말로 죽기 살기로 공부했다는 표현이 맞을지도 모르겠다. 좀처럼 오지 않을 내 인생의 중요한 기회를 날려 보내고 싶지 않았기 때문이다. 여기저기서 축하의 물결이 이어졌다.

"정말 대단해, 박 프로! 난이도가 꽤 있는 시험이었는데 기존의 TOS 직원들까지 다 제쳐버렸더군. 정말 자랑스러워. 도대체 어떻게 공부를 한 거야? 난 겨우 통과한 것 같은데 말야."

아무래도 팔은 안으로 굽는 법. 다른 사람들보다 김안배 매니저가 유독 즐거운 표정을 지어 보이며 다가와 말했다.

"운이 좋았습니다. 하하!"

"어떻든 아주 잘했어. 이번에 아주 유리한 위치를 선점한 거야."

최대한 나는 말을 아끼고 싶었다. 왜냐하면 아직 임원 면접이 남아 있었기 때문이다.

때마침 교육개발 업무를 위해 최 대표가 사무실로 방문했다.

"진심으로 축하드립니다. 수잔 백 프로님께 얘기 들었습니다. 이제 원하시는 목표에 한걸음 더 다가서게 되셨군요."

"감사합니다. 그렇긴 하지만 아직 임원 면접이 남아 있어서 긴장을 늦출 수가 없네요."

"음… 그 부분이라면 제가 도움을 드릴 수도 있을 것 같은데요. 제가 경력직으로 회사를 옮길 때마다 임원 면접을 보았기 때문에, 그때 받았던 공통된 질문들을 중심으로 예상 답변을 준비해 가시면 어떨까요?"

"그거 좋은 생각이네요. 그럼 코칭 좀 부탁드리겠습니다."

나는 개인적으로 '하늘은 스스로 돕는 자를 돕는다'는 말을 좋아한다. 어렸을 적엔 이 말이 무슨 뜻인지를 잘 몰랐다. 남들처럼 '무엇이든 열심히만 하면 하나님, 부처님이 도우신다' 정도로만 이해했다. 하지만 지금은 '남 탓 하지 않고 지금 주어진 일에 매진하면 행운도 외면할 수 없다'로 해석한다. 내가 만일 예전 회사에서 영업부서로 발령을 받았을 때 두려움에 갇힌 채 로 주어진 일에 임했더라면 어찌되었을까? 누군가 말하길 용기란 두려움 이 없는 상태가 아니라 그 두려움 속에서 용기를 끌어내는 것이라 했다. 그 렇게 한 결과가 지금 바뀐 회사에서 조직통합 TF팀의 일원으로, 사내공모 1차 필기시험 수석으로, 또 최 대표와의 끈끈한 관계 등으로 이어졌다고 나는 생각한다. 나는 계속해서 이와 같은 행운들이 내 곁에서 빗겨가지 않 도록 하고 싶었다.

'반드시 이 기회를 잡고야 말겠어.'

그렇게 마음을 다잡으며 2주 정도 준비를 하다 보니 어느새 임원 면접 의 시간이 다가왔다. 최종 면접위원에는 제임스 유 전무와 스캇 상무, 실무 대표로 제너럴 매니저 한 명 포함 총 세 명이 배석했으며 면접 대상자는 세 명씩 동시 입장했다. 공교롭게도 세 명 중 나만이 유일하게 예전 회사에서 합류한 인력이었다.

"공통 질문을 드리겠습니다. SP 영업팀에 지원한 이유에 대해 각자 돌아 가며 답변해 주세요."

"네, 저는 지금까지 빅데이터, AI 등 디지털 분석 업무를 해왔습니다. 이 제 영업도 시대에 맞게 데이터에 기반한 과학적 영업을 해야 할 때가 왔다 고 생각하여 이에 지원하게 되었습니다."

"저는 입사 후 소프트웨어 및 하드웨어 사업부를 두루 거치면서 상품 및 마케팅 기획 등의 업무를 해왔습니다. 이제는 이러한 경험들을 바탕으로 TOS의 중심이라고 말할 수 있는 SP 영업팀에서 일해보고 싶습니다."

각각의 지원 사유는 내가 들어도 고개가 절로 끄덕여질 만큼 설득력이 강했다. 그야말로 쟁쟁한 경쟁자들 틈 속에서 약간의 긴장감이 올라왔다. 그러나 호흡을 가다듬고 최 대표가 해준 말을 떠올렸다.

'경쟁 속 긴장감을 이겨내는 가장 좋은 방법은 경쟁하지 않는 거예요. 오직 내가 가진 소신과 해야 할 말에만 집중하세요.'

마지막으로 나의 차례가 되었다.

"저는 꿈꾸고 실행하는 걸 좋아합니다. TOS에 온 이후 SP 영업팀에서 일하는 꿈을 꾸었고 그 꿈을 실현하기 위해 제가 해야 할 일들을 성심성의껏 준비하고 실행해 왔습니다."

다음으로는 개별 질문들이 이어졌다. 이번엔 내가 첫 번째 답변을 맡았다.

"박 프로께서는 경력의 대부분이 스태프 업무인데다가 영업 커리어 역시 하드웨어 위주로만 1년 조금 넘게 하신 걸로 아는데요. SP 영업과 같은 솔루션 중심의 컨설팅 영업을 잘해 낼 수 있겠습니까?"

"면접관님께서 염려하시는 부분을 저도 충분히 이해합니다. 제가 아는 TOS는 훌륭한 제품과 솔루션을 지녔을 뿐만 아니라 현장 영업을 함에 있어서 프로세스와 원칙을 매우 중요시 여기는 기업입니다. 그러나 이 모든 것들에 더해 영업 대표가 개별 고객의 입장에 서서 해야 할 전문적인 활동들을 수행하지 않으면 우리가 원하는 결과를 기대할 수 없게 됩니다. 저는 방금 전에도 꿈을 꾸고 실행하는 것을 좋아한다고 말씀드렸습니다. 그리고 일부이기는 하지만 이 자리에 오는 과정에서 여기 계신 모든 분들께 그 것을 증명해 보였습니다. 그렇기에 앞으로도 저는 여러분께서 염려하시는 것들을 충분히 극복해낼 수 있으리라고 생각합니다."

답변을 마치는 순간 면접관들의 얼굴에서 다소 달라지는 눈빛을 읽을 수 있었다. 최 대표가 말하길 종종 직감도 중요한 정보가 될 수 있다고 하였는데 지금 나의 직감을 믿어본다면 달라진 면접관들의 눈빛은 긍정의 신호에 가까웠다. 그리고 1주일 후 그 직감은 적중했다. 사내 게시판에는 각종 발령자들의 명단이 게재되었고 내 이름도 SP 영업팀 자리에 당당히 올라와 있었다. 정말이지 보고도 믿기지가 않았다. 그리고 이러한 결과 이면에는 최 대표의 탁월한 면접 코칭이 한몫을 했다.

"면접도 영업과 유사한 면이 많습니다. 면접관을 고객이라고 생각하세요. 그리고 바로 지금, 면접관들의 넘버원 관심사가 무엇일지 생각해 보세요. 그럼 묻겠습니다. 면접관들은 지금의 박 프로님께 어떠한 것들을 제일 궁금해 할까요?"

"아무래도 제가 하드웨어 중심의 회사에서 근무했고 영업 경험도 짧았기 때문에 과연 SP 영업을 잘 할 수 있을까 하는 의문이 들 것 같습니다."

"바로 그겁니다. 그렇다면 어떠한 전략으로 이를 대응하시겠습니까?"

"음…어려운데요…. 아무리 생각해도 설득력 있는 설명이 떠오르지 않아요."

"자, 이때 중요한 건 박 프로님만의 강점에 집중해야 한다는 사실입니다. 부정적이거나 약점이 될 만한 것은 모두 잊으세요. 최근 박 프로님이 하신 일 가운데 가장 긍정적인 것들을 쭉 나열해 보세요."

"음... 첫째는 필기시험 1차를 수석으로 통과한 것, 그리고...."

"좋습니다. 필기시험 1차를 수석으로 통과한 것은 이번 면접 통과에 매우 중요한 지렛대 역할을 해줄 수 있을 것입니다. 또 하나 짚어드리면 박 프로님은 과거보다는 미래의 긍정적인 모습을 면접관들에게 어필할 필요가 있습니다. 왜일까요?"

"아무래도 면접관들에게 매력적으로 보일 만한 스토리가 부족해서가 아닐까요?"

"맞습니다. 그렇기 때문에 박 프로님은 다른 경쟁자들보다 더욱 두드러지게 면접관들의 시선을 희망적인 미래시제에 가져다 놓아야 합니다. 정리하면 ...(중략)... 키워드는 꿈과 실행력이 되겠네요. 이걸 전략적 키워드로

E P I S O D E 2

전략적 판매의 고수가 된 박태출

삼아 고객 중심의 사고와 영업 인사이트가 잘 녹여진 메시지와 조합을 이룬다면 멋진 메시지가 나올 수도 있겠어요. 그리고 그것들을 면접시간 내내 일관성 있게 그리고 임팩트 있게 강조하신다면 충분히 승산이 있어 보입니다."

분명 그는 내게 귀인이 틀림없었다. 나는 곧바로 최 대표에게 감사의 문자를 보냈다. 그리고 얼마 지나지 않아 하나의 문자를 더 보냈다.

"멘토로 모시겠습니다."

전문가 영업, 전략적 판매

오늘은 기다리고 기다리던 최고수 대표의 영업 교육이 시작되는 날이다. 나에게도 그렇지만 최 대표에게도 창업 후 실시하는 첫 사외 교육인지라 뜻깊은 날이 아닐 수 없다. 나는 그를 응원하고자 이른 아침부터 그에게 카톡 메시지를 보냈다.

"사부님, 굿모닝입니다. 오늘 연수원에서 뵙겠습니다. 파이팅!^^"

이번 차수는 나를 포함 20명의 현장 영업 인력들이 교육을 받는데 나처럼 사내 공모 지원을 통해 새롭게 발령받은 사람들이 주를 이루었다. 교육 기획자이자 진행자인 수잔 백 프로가 미소를 띄며 내 옆으로 다가와 앉았다. 그녀는 이 과정이 마무리되면 미국으로 돌아가게 된다. 최 대표의 교육이 좋은 평가를 받게 된다면 그녀에게는 유종의 미를 거두며 또 하나의 성과로 기록될 것이다.

"역시 맨 앞자리시네요. 수석 그거 아무나 하는 거 아니죠."

"부끄럽네요. 백 프로님, 그간 과정 개발하시느라 수고 참 많으셨어요."

"감사해요. 막상 교육이 시작된다고 생각하니 이곳 생활도 막바지에 다다른 것 같네요. 아이들이 엄마 보고 싶다고 난리예요."

"그렇군요. 자녀분들이 얼마나 보고 싶으실까요. 백 프로님 가시면 저도 아쉬울 것 같아요."

이제 조금 있으면 수잔 백 프로의 소개로 최 대표의 강의가 시작된다. 멋진 수트를 말쑥하게 입고 온 최 대표가 강단에 올라서자 마치 후광이 비추는 듯했다.

"반갑습니다. 오늘부터 이틀 동안 여러분과 함께 할 S&S사의 최고수 대표입니다. 이 과정은 크게 기본과정과 심화과정으로 이루어져 있습니다. 저는 혼자 떠드는 일방적인 강의를 좋아하지 않습니다. 가급적 여러분이 어려워하시는 문제들을 함께 호흡하면서 해결해 나가는 시간들을 만들어 보고자 합니다. 이 과정의 가장 큰 특징은 바로 여러분이 처한 현장 영업을 토대로 한다는 점입니다. 그럼 지금부터 전문가 영업과 전략적 판매에 관한 이야기를 시작해 보도록 하겠습니다."

엄밀히 말해서 나는 지금껏 제대로 된 영업 교육을 받아본 적이 없었다. 직장생활 10년이 지나 영업부서로 첫 발령을 받았을 때에도 영업 채널 유튜브로 공부한 것이 전부였다. 그때와 지금을 비교한다면 평범한 아파트에서 고급 빌라로 이사 온 느낌이랄까? 잠시 감상에 젖어 있던 순간 최 대표는 질문으로 첫 수업의 포문을 열었다.

"영업과 판매의 차이가 무엇일까요?"

이 심플한 질문 앞에 다소간의 침묵이 흘렀다. 누군가는 호응을 해야 할 것 같아서 내가 정적을 깨고 답변을 해 보았다.

"판매는 파는 것에만 집중된 것이고 영업은 판매와 관련된 모든 마케팅 활동이 아닐까요?"

"훌륭한 답변입니다. 부연하면 판매는 말 그대로 파는 기능에만 초점을 맞춘 의미로써 영업에 포함된 개념이 되고요, 영업은 고객을 중심으로 판매 전 활동과 판매 후 활동을 포괄하는 일련의 모든 고객가치 활동을 말하는데 이것이 바로 '세일즈^{sales}입니다. 참고로 세일즈와 마케팅^{marketing}이라는 단어가 한국으로 들어와서 마케팅은 '마케팅'이라는 외래어로 잘 정착을 한 반면 세일즈는 영업과 판매로 분리가 되었는데요. 조금 전에도 말씀드렸다시피 판매는 영업의 한 기능일 뿐임에도 불구하고 어느 순간 영업과 판매가 동일시 된 것입니다. 그렇다면 왜 사람들은 판매와 영업을 동일시하게 되었을까요?"

이번엔 나조차도 말문이 막혔다. 정적이 계속되자 최 대표가 말을 이어갔다.

"그 이유는 간단한데요. 많은 사람들이 영업이 지닌 고유의 의미를 잘 인식하지 못했기 때문입니다. 즉, 판매 전후의 모든 활동에는 '고객을 진정으로 보살핀다'라는 중요한 개념이 들어있는데 오히려 보살피기는커녕 오로지 자신의 이득을 위해 계속해서 파는 것에만 집중하는 세일즈맨들의 모습 속에서 사람들은 자연스럽게 영업은 '나의 호주머니에서 돈을 빼내 가려는 술수 또는 기만'쯤으로 여기게 된 것이죠. 자, 다 좋습니다. 그렇다면 왜 저는 영업과 판매의 차이에 대해서 이렇듯 열심히 설명하려는 것일까요?"

몰입되어 있던 나는 떠오르는 대로 한 번 더 답변을 하였다.

"혹시, 판매라는 용어에서도 우리가 알지 못했던 고유의 의미가 상실된 게 아닐까요?"

"빙고입니다. 사실 판매에는 우리가 일반적으로 알고 있는 것과는 달리 전략적인 요소들을 상당히 많이 담고 있는데요. 주로 우리가 하는 기업대상 판매에 해당합니다. 참고로 이미 세일즈가 발달한 미국에서는 오래전부터 매우 중요하게 다루어온 개념들임에도 불구하고 우리나라 기업에서는 잘 반영되지 못한 분야이기도 한데요. 그래서 지금부터 우리가 논의할 판매는 단순히 기능적 판매가 아닌 '전략적 판매'로, 판매를 전후해 고객을 보살피는 일련의 모든 가치제공 활동을 '전문가 영업'으로 각각 구분하여 이해해 주시면 감사하겠습니다. 정리하면 우리에게 있어서 영업은 '전문가 영업'을 말하는 것이고 판매는 '전략적 판매'인 것입니다. 아시겠죠? 그럼 잠시 쉬어 가도록 하겠습니다."

영업과 판매에 대한 명쾌하고 간결한 설명이 머릿속을 정리해주는 느낌이었다. 더불어 왜 첫 강의의 주제가 전문가 영업과 전략적 판매인지를 알 것 같았고 그래서 앞으로의 수업들을 더욱 기대케 했다. 교육생들은 잠깐의 커피 타임을 가진 후 다시 자리로 돌아왔다.

"모두들 잘 쉬셨나요? 그럼 강의를 계속하겠습니다. 우리는 지난 시간에 전문가 영업과 전략적 판매에 관한 개념 설명을 하기 위해 영업과 판매의 의미적 차이를 알아보았습니다. 사람들은 자칫 판매를 파는 기능에만 초점을 둔 나머지 기능이나 열정 더 나아가 운이나 어림짐작에 좌지우지되는 그 무엇쯤으로 생각하기 쉽습니다. 그도 그럴 것이 우리가 흔하게 접하는 일상들 가령 시장이나 마트에서 물건을 사고파는 행위나 보험 판매인이 상품을 권유하는 일련의 모습들 속에서 '판매란 저런 것이구나' 하고 자동적으로 인식이 되어온 측면이 존재하기 때문이죠. 그런데 문제는 우리가 하는 비즈니스를 포함해 수조원 단위의 거래에 있어서도 판매는 분명히 존재하는데 그때에도 이러한 맥락의 판매 개념이 똑같이 적용될 수 있느냐 하는 것입니다. ─ 막연하게나마 그렇지는 않겠지 생각하면서도 ─ 그리고 또 하나, 이렇듯 거래 규모가 크고 장기적인 거래에 해당하는 대규모의 복합 판매에서 우리가 정의한 전문가 영업이 계약이라는 목표를 지속적으로 달성할 수 있도록 해주느냐 하는 것입니다. 이 부분에 대해서 다들 어떻게들 생각하시는지 궁금합니다. 이번엔 뒷자리에 계신 분들부터 자유롭게 의견을 말해보실까요?"

이번엔 분위기가 다소 익숙해진 듯 맨 뒷자리에 있는 사람들이 손을 들어 의견을 말하기 시작했다..

"솔직히 말씀드려 용어가 영업이든 판매이든 고객과의 신뢰가 계약으로 이끄는 것 같습니다."

"잘은 모르겠지만 파는 기능 자체에만 몰두하면 안 되겠다는 생각이 듭

니다."

"거래 규모가 크고 장기적인 거래에는 뭔가 특별한 판매 기법이 필요하지 않을까 싶습니다."

"예나 지금이나 고객과의 친밀도는 여전히 중요한 것 같습니다. 그런데 지금은 세대가 많이 바뀌고 있다 보니 그에 따른 우리의 대응도 변화가 필요해 보입니다."

놀라웠다. 조용할 줄로만 알았던 교육장 분위기가 어느새 후끈 달아올랐다. 무엇보다 교육생들의 의견 속에는 살아 있는 현장 영업의 체험들이 녹아 있었기에 교육의 몰입도는 더욱 높아져만 갔다.

"기대 이상의 의견들을 많이 내주셔서 감사합니다.

결론부터 말씀드리면 여러분의 의견 모두가 다 일리 있습니다. 이쯤에서 제가 한 가지 사례를 말씀드려야 할 것 같습니다. 요즘 지하철이나 건물 주위를 둘러보면 병원을 홍보하는 포스터나 광고물을 쉽게 접하실 수 있을 겁니다. 각종 SNS를 포함한 온라인 홍보전도 그 어느 때보다 치열합니다. 과거에는 의사의 네임 밸류나 의료기술이 환자를 모객하는 결정적인 요소로 작용했지만 지금은 병원 마케팅을 전문화하지 못하면 살아남기 어려운 환경이 되어버렸죠. 그만큼 경쟁이 심화된 탓입니다.

그런데 이와 같은 병원 마케팅이 갈수록 치열해지면서 하나둘씩 문제가 생겨나기 시작했습니다. 소위 과잉진료나 의료사고 같은 것들이 빈번해진 것입니다. 사실 병원의 본질적 기능은 환자를 보살피고 살리는 것에 있는데 안타깝게도 고도화된 병원 마케팅이 불러온 부작용들이 심각한 수준에 다다른 것입니다. 하지만 다행히도 이러한 부작용들을 개선하고자 하는 의식 있는 병원들이 생겨나기 시작했습니다. 이른바 환자와의 신뢰를 강조하는 '환자 중심의 병원'을 주장하고 나선 것이죠. '환자 중심의 병원'은 환자가 병원에 도착해서 치료를 받고 나갈 때까지 그 모든 과정에서 발생하는 불편과 불만을 해결해 환자의 만족도를 극대화하는 개념을 말합니다. 이것이 4차 산업혁명 기술 평준화 시대에서 병원이 생존하는 궁극의 방향이라는 데에 의견이 모아지는 이유입니다.

제가 지금 말씀드린 이 치열한 병원 마케팅에 해당하는 것이 기업간 경쟁이 심화된 전문가 영업 활동과 유사하다고 볼 수 있겠고요. ─ 전문가 영업의 좋은 취지와는 상관없이 ─ 고객을 보다 더 사려 깊게 관리하고자 하는 환자 중심의 병원 운영이 전략적 판매에 해당한다고 보시면 되겠습니다. 이와 관련 더 자세한 이야기는 다음 시간에 다루도록 하겠습니다. 모두 수고하셨습니다."

참으로 무릎을 치게 만드는 명쾌한 강의다. 잠시 주변을 둘러보니 상당수의 교육생들이 고개를 끄덕이며 최 대표의 강의에 더욱 동조하는 모양새다. 역시 최 대표는 최 대표였다.

"박 프로님이 앞자리에서 답변을 잘해주시니 교육생들이 분위기를 탄 것 같습니다."

"별말씀을요. 최 대표님의 명강의가 교육생들로부터 공감을 받았기 때문이죠. 다음 시간이 더 기대되게 만드는 멋진 시간이었어요. 수고하셨습

니다."

"그렇게 말씀해 주시니 저도 힘이 납니다. 하하하!"

"두 분 아주 호흡이 찰떡입니다. 질문과 답변의 질 모두 좋았고요. 평가
서를 받아봐야 알겠지만 전반적으로 교육생들의 집중도가 높았던 것 같
습니다. 최 대표님. 수고 많으셨어요."

"백 프로님도 수고 많으셨습니다."

마치 사춘기 시절 좋아하는 드라마의 다음 편을 기대하듯 벌써부터 다
음 수업이 기다려졌다. 이렇게 설레는 기분을 가져본 지가 과연 얼마만인
가? 아마도 연애 때 이후 처음이 아닌가 싶다. 후훗!

디자인 씽킹의 관점

"디자인 씽킹Design Thinking은 독일 소프트웨어 기업 SAP 하소 플레트너
회장이 만들고 미국 스탠퍼드 디스쿨이 확산시킨 창의적인 문제해결 방
법론입니다. '환자 중심의 병원'들이 도입한 이 디자인 씽킹은 공급자가 아
닌 수요자 중심의 의료 서비스 혁신을 의미하죠. 이를 통해 병원은 과잉진
료나 각종 의료사고를 최소화시켜 환자의 안전과 만족을 최우선 과제로
놓는다는 것이 핵심입니다. 여기서 우리가 알아야 할 것은 환자를 환자로
만 보지 않고 고객으로까지 확장해서 보는 디자인 씽킹이라는 관점에 있
습니다. 왜 이들은 환자를 고객으로까지 보기 시작했을까요?"

최 대표의 질문과 함께 다음 교육이 다시 시작되었다. 이제는 내가 굳이 나서지 않아도 자연스럽게 여기저기서 답변이 이어졌다. 그 중 가장 인상적인 답변이 좌석 중간 지점에서 나왔다.

"제가 느끼기엔 병원 마케팅의 역설처럼 느껴집니다. 병원을 성장, 발전시키려고 시도한 병원 마케팅이 이제는 오히려 부작용의 부메랑이 되어 병원을 도태시킬 수도 있기 때문입니다. 결국 병원을 되살리기 위한 방책인 것 같습니다."

"훌륭한 답변 감사합니다. 보다 직접적인 이유를 말씀드린다면 앞으로 미래 병원의 평가 기준이 의료의 질과 환자의 평가로 결정될 것이기 때문입니다. 어떻게 보면 병원의 생존과 직결되는 문제이기에 거부할 수 없는 흐름이기도 한 것이죠. 그런데 이는 우리의 비즈니스 상황에도 똑같이 적용될 수 있습니다. 즉, 판매의 양보다는 질이 고객의 평가와 비례해 더욱 중요한 경쟁력이 될 것이라는 점입니다. 더 나아가 시간이 흐를수록 판매의 질이 판매의 양까지 좌지우지할 수 있다는 의미이기도 합니다. 예를 들어 판매에도 엄연히 푸시적 판매나 불완전 판매가 존재하지 않습니까? 미래에는 이러한 판매가 AI추적 시스템 등에 의해 노출되어 안 하느니만 못한 판매가 될 수도 있을 것입니다."

"질문 있습니다. 그렇다면 병원 마케팅에 해당하는 전문가 영업은 상대적으로 덜 중요해진다는 의미인가요?"

내가 묻고 싶은 질문을 누군가 했다. 질문의 질이 점점 더 향상되는 느낌이 들었다.

"질문 감사합니다. 절대적으로 보면 그렇진 않습니다. 하지만 말씀하신 대로 상대적으로는 그렇습니다. 사실 질문하신 내용은 우리가 앞으로 다루게 될 여러 강의 주제들과도 연결이 되는 중요한 의제인데요. 전문가 영업이 고객을 중심으로 양 옆으로 펼치게 되는 수평적인 활동들, 가령 신시장 개척, 경쟁사에 대처하기, 국내외 동향 파악 등에 대해서는 속도 조절이나 시간 안배 등과 같은 영업 관리들이 이전보다 더욱 강화되어야 할 것입니다. 그리고 이번 전체 과정의 주제인 전략적 판매의 경우에는 전문가 영업을 통해 확보된 고객사 내부에 더욱 깊숙하게 개입하는 수직적인 활동들에 힘입어 고객의 만족도를 높이는 효과를 얻게 됩니다."

"그러니까 전략적 판매가 판매의 질을 높이는 활동을 많이 함으로써 고객의 만족이 늘어나니까 자연스레 고객의 이탈이 줄고 결국 더 오래 거래를 할 수 있게 된다는 의미인가요?"

이러한 요약 정리형의 질문은 예전 학창 시절 공부 잘하는 친구가 드라마 대사처럼 읊어대며 선생님께 관심을 받고자 하는 것으로 여겼는데 어느새 내가 그 역할을 하고 있었다.

"맞습니다. 아주 이해를 잘하셨습니다. 이에 더해서 앞으로 우리가 전략적 판매에 관한 다양한 소주제들을 다룰 것입니다. 그 과정에서 전략적 판매를 실행시키는 검증되고 유용한 도구들을 익힐 것이고요. 잠시 10분만 쉬었다 할까요?"

커피 한잔 마시려고 나가려는데 맨 뒷자리에 많이 익숙한 얼굴이 앉아 있었다. 김안배 매니저다.

"아니, 김 매니저님, 여긴 어쩐 일이세요?"

"아, 궁금해서 참관해 봤지. 역시 듣던 대로 강의가 좋구만. 이 강의를 듣고 있자니 예전 회사 때 우리가 얼마나 영업 판매에 대해 무지했는지를 깨닫게 되는 것 같네. 옛 동료들한테 미안한 마음도 들고…."

듣고 보니 공감되는 말이었다. 하지만 아직 교육과정의 초반부일 뿐, 앞으로 더 많은 배움을 통해 그 무지들을 깡그리 벗겨내야 할 것이다. 이때 친절한 수잔 백 프로는 강사를 위한 새 음료를 강단 위에 세팅해 놓았다.

"지난 시간을 통해 우리는 많이 판매하는 것이 결코 능사가 아님을 알게 되었습니다. 사실 기업 대상 비즈니스에서 가장 중요한 것은 지속적인 만족감을 고객에게 제공하는 것입니다. 당연한 얘기지만 그래야 해당 고객과의 거래를 오랫동안 유지시켜 상호 이익을 가져올 수 있기 때문입니다. 소위 지속 가능한 Win-Win의 관계를 형성하는 것이죠. 그런데 이것이 말처럼 쉬운 것이 아닙니다. 그래서 많은 사람들이 영업을 중도에 그만두는 것인지도 모르겠습니다. 그런데 자세히 살펴보면 그들이 중도 하차하는 근본적인 이유는 따로 있습니다. 바로 전략적 판매를 위한 전문가 영역에 도달하지 못했기 때문입니다. 그러다보니 전문가 영역에 도달하지 못한 영업인들은 보통 잘못된 선택을 하게 됩니다. 그게 무엇일까요?"

몇몇 의견들이 있었지만 최 대표가 원하는 정답이 나오질 않았다. 교육생들은 최 대표의 정답을 듣고 나서야 비로소 '아!'를 연발했다.

"바로 제품 중심적 사고입니다. 혹자는 제품 중심적 사고에서 벗어나라고 말하니까 제품이 중요하지 않은 줄로 압니다. 그것이 아니죠. 자신이 세일즈 해야 하는 제품은 너무나 중요해서 당연히 충분한 지식으로 무장되어 있어야 합니다. 그런데 그 지식은 고객이 궁금해 할 때만 이야기해줘도 충분합니다. 정말 우리에게 필요한 건 전문가 영역에 다다른 사람들이 사용하는 - 고객과의 Win-Win 관계를 형성해주는 - 검증되고 유용한 방법들입니다. 그리고 이 방법들은 총 세 가지의 요소에 의해 완성될 수 있죠. 바로 3P입니다."

이제야 조금씩 개념이 잡히기 시작했다. 과거에 비하면 많이 덜해졌지만 '마케팅은 전략적인 것이고 판매는 전술적인 것'이라는 고정관념에 사로잡힌 사람들이 아직도 꽤 있다. 이러한 인식은 최 대표가 말한, 파는 기능에 초점을 맞춘 판매 개념의 왜곡에서 비롯된 것인데 나조차도 판매는 '머리'가 아닌 '발'로 하는 일이기에 전문성보다는 성실함으로 극복할 수 있다고 믿었으니 부끄러운 마음이 들었다. 돌이켜보면 당시 김안배 부장도 옛 회사 내에 상시적인 영업 교육의 필요성을 크게 느끼지 못했고 그 결과로 많은 영업 인력들이 전문가 영역은 고사하고 자신의 일에서 비전을 찾을 수 없었던 이유를 제공한 셈이었다. 또한 듣기로는 외국계 기업 출신들이 미국이나 유럽의 영업 교육 프로그램을 가지고 공개 강좌를 열었던 경우가 있었지만 그조차도 우리나라에서만큼은 뿌리를 내리지 못했다고 했다. 이에 대해 수잔 백 프로는 과거 다국적 기업 소속 인사 담당자의 말을 인용해 다음과 같은 이야기를 들려주었다.

"영업 판매에 관한 외국의 전문 교육 프로그램을 교육시킬 강사들이 한국엔 부족했죠. 다른 교육과 달리 영업 교육은 특히나 강사의 실제 현장 근무 경험이 매우 중요한데 비싼 외국 프로그램을 도입해 경험도 없는 강사들을 세우다 보니 교육생들은 그 교육을 현실성 없는 이론이라며 폄훼했던 것입니다. 또 말 잘하는 유명 강사들의 경우도 주로 보험업이나 자동차 판매업과 같이 개인 대상 영업에 국한된 열정 강사나 동기부여 강사들뿐이어서 이래저래 한국에서는 B2B 영업 판매 관련 교육이 발전할 수 없었던 것입니다."

"그러고 보면 최 대표는 이 교육을 제대로 진행할 수 있는 모든 걸 갖춘 셈이네요."

"맞아요, 지금 이 교육 프로그램 역시 미국에서 검증된 몇 안 되는 프로그램 중 하나인데 프로그램도 프로그램이지만 이를 로컬 및 개별 기업 상황에 맞게 커스터마이징할 수 있는 교수자의 능력이 매우 중요하다는 것이죠. 제가 보기에도 최 대표는 이론과 실제 그리고 탁월한 강의력까지 갖춘 매우 훌륭한 교수자란 생각입니다."

최 대표는 더욱 힘을 주어 강조한다.

"전략적 판매는 전략과 전술에 관한 특별한 전문가 영역의 기법들을 다룹니다. 그리고 이는 3P, 곧 원리(Principle), 프로세스(Process), 연습(Practice)에 의해 작동됩니다. 만일 여러분이 판매라는 험지에서 원하시는 목표까지 무사히 도착하길 바라신다면 3P가 여러분의 등대지기 역할을 해줄 것입니다. 다음 시간에 3P에 대해 자세히 이야기하도록 하겠습니다. 오늘도 수고하셨습니다."

정통 B2B 판매 교육 : 3P

"저는 보험 영업을 한 번도 해본 적이 없습니다. 그런데 보험 영업을 20년 한 보험 전문가보다 제가 낯선 보험 고객과의 미팅을 잡는 콜드콜을 더 잘할 수가 있습니다. 어떻게 이게 가능할까요?"

"끈기와 멘탈이 강해서 아닌가요?"

"하하, 아닙니다. 그 이유는 제가 콜드콜을 할 때 고객이 듣고 싶어 하는 이야기를 먼저 하는 반면 보험 전문가는 자신의 보험 지식이나 경력을 먼저 이야기하기 때문입니다."

'아, 그렇구나. 접근 방법이 잘못되었던 거구나.'

"여기에는 숨겨진 전략이 있습니다. 바로 콜드콜을 성사시키는 일정한 원리(Principle)와 프로세스(Process) 그리고 연습(Practice)이 그것입니다. 잠재 고객이 거부감을 갖지 않도록 하고 그래서 바라는 결과가 나오도록 하기 위해선 올바른 구조의 스크립트와 연습이 필요한데 이 스크립트에 성공 원리와 프로세스가 모두 담겨 있습니다. 원리와 프로세스가 유용한 이유는 그 어떤 불확실한 판매 상황에서도 반복적으로 활용할 수 있는 문제해결 모델을 제시해준다는 점 때문입니다."

최 대표의 설명을 듣는 순간 프린터 영업부 시절 수많은 콜드콜이 실패했던 이유를 확실히 깨닫게 되었다. 난 그저 열심히 전화를 하고 고객에게 호소하는 식이었다. 그러다 보니 모든 시도가 복불복이었다.

"제가 말씀드리고자 하는 것은 전략적 판매에서도 이것이 동일하게 적용된다는 점입니다. 그럼 첫 번째, 원리에 대해서 알아볼까요? 원리가 무엇입니까? 원리란 보편적인 진리나 사물의 이치 같은 것을 말합니다. 그런 의미에서 판매에서의 원리는 어떠한 상황에서도 변함없이 작동되는 일종의 판매법칙이 됩니다. 예를 들면, 전략적 판매에서 배우는 내용 중 '경제 구매자를 파악하고 접촉하라'는 것이 있습니다. 여기에는 '각 판매를 최종적으로 승인하는 곳은 한 곳밖에 없다'는 판매 원리가 숨겨져 있죠. 이 원리를 이해하게 되면 경제 구매자를 파악하고 접촉하는 것이 왜 중요한지를 알게 됩니다."

"그럼 그러한 판매 원리는 언제나 절대적입니까?"

"좋은 질문입니다. 아직까지는 그렇다고 볼 수 있습니다. 이 프로그램은 지난 수십 년간 수많은 기업 영업 전문가들의 연구와 실증을 토대로 현장 영업에서 검증되었기 때문입니다. 특히, 여러분들이 배우게 될 핵심 원리들은 그 중에서도 백미입니다. 이 핵심 원리들만 여러분의 것으로 만들어도 웬만한 판매 상황들을 자신감 있게 리드해 나갈 수 있는 겁니다."

그런 생각이 들었다. 지금 최 대표는 물고기를 잡아주는 것이 아닌 물고기를 낚는 원리와 방법을 알려주고 있다고. 사실 판매에 원리가 있다는 생각은 해본 적이 없었다. 굳이 있다면 설득화법과 같은 기술이 존재한다고는 생각했다.

"두 번째는, 프로세스입니다. 전략적 판매가 매력적인 이유는 반복해서 사용할 수 있는 프로세스가 있다는 점입니다. 만일 콜드콜을 시도할 때마다 매번 다른 프로세스로 스크립트를 구성해야 한다면 무척 피곤한 일이 될 것입니다. 하지만 수많은 검증을 거친 체계적인 프로세스가 있다면 보다 손쉽게 일을 처리할 수 있게 되는 것이죠. 가령 병의 원인을 밝히기 위한 진단이나 검사, 제품을 만들기 위한 개발이나 테스트같이 체계적이고 단계적인 프로세스가 없다면 제대로 병을 고칠 수도 없고 또 원하는 제품을 동일하게 생산할 수 없을 것입니다. 다시 말해, 프로세스가 없는 판매는 단순히 운이나 어림짐작에 기댈 수밖에 없는 주먹구구식 판매가 되어 판매 성사율이 크게 떨어지는 결과를 초래할 수밖에 없게 되는 것입니다."

"궁금한 게 있는데요. 그럼 그 프로세스도 원리와 같이 언제나 절대적입니까?"

"하하! 프로세스에서는 절대적이라는 표현보다는 효과적이라는 표현을 더 많이 씁니다만, 오랜 세월 동안 자리잡은 프로세스의 경우를 놓고 보면 체계적이고 반복해서 사용할 수 있기 때문에 의미적으로 틀리지는 않다고 생각됩니다.

예를 들어 건축 프로세스는 수천 년 전이나 지금이나 크게 변한 게 없지 않습니까? 아무리 기술이 발전했다 하더라도 기초 지반공사를 한 후에 기둥과 외벽을 세우게 되고 그 다음으로 지붕을 이어야 하니까요. 다만 효과적인 프로세스는 끊임없는 개선을 통해 발전한다는 점만은 알고 계시면 좋겠습니다. 프로세스를 개선한다는 것은 100%는 아니지만 상당 부분 보편적이어서 특정 지식이나 특수한 상황에 의존하지 않게 되는 것을 의미합니다. 이것이 프로세스의 가장 큰 매력이라 할 수 있죠. 전체적으로 정리하면 검증되고 효과적인 원리와 프로세스를 익힐 때 상당한 판매 능력을 갖추게 된다는 것입니다. 혹시 여기까지 질문 있나요?"

"제가 느끼기엔 강사님 말씀만 듣고 보면 판매에 있어서 원리와 프로세스가 마치 만병통치약처럼 느껴집니다. 하지만 현장에서 영업을 하다 보면 고객들에 의해 이것들이 무시되거나 무너지는 경우도 있습니다. 이에 대해선 어떻게 생각하세요?"

다소 냉소적이지만 현장 경험이 없으면 할 수 없는 날카로운 질문이 들어왔다. 나는 최 대표의 답변이 무척 궁금해졌다.

"네, 그런 경우가 있음을 저도 잘 알고 있습니다. 주신 질문은 영업조직 내에서의 영업 원칙과 맞닿아 있는 질문이기도 한데요. 영업 원칙은 한마디로 말해서 해당 영업조직이 따르는 판매에 있어서의 원리와 프로세스를 고려한 규율 혹은 강령을 의미합니다.

예를 든다면 이런 것이죠. '우리는 고객과 상호 Win-Win 거래를 지향한다. 그러므로 고객의 가격 할인 요구가 우리의 기준선을 넘어 무리하다고 판단될 경우 해당 프로젝트의 수주를 포기할 수 있다.' 이러한 강령은 프로세스를 영업주도 조직의 문화로 정착시킨 예입니다. 결국, 질문 주신 것처럼 우린 종종 우리가 따르는 원리와 프로세스가 무시되는 판매를 경험하게 됩니다. 이때 중요한 것은 우리가 어떤 선택을 하는가에 있지 만병통치약으로 착각해서는 안 될 것입니다. 다시 한 번 말씀드리지만 제가 알려드리고자 하는 원리와 프로세스는 과학은 아니지만 정밀하게 반복적으로 사용할 수 있는 체계적인 조치를 의미합니다. 반복해서 사용할 수 있는 프로세스가 있다는 것은 우리에게 매우 다행스러운 일이 아닐 수 없습니다. 판매를 운이나 연, 어림짐작에 의존하지 않도록 해주는 것이니까요. 어떻게 질문에 답이 되었나요?"

"네, 감사합니다."

질문자의 표정에서 '이 사람은 찐이구나!' 하는 것이 느껴질 만큼 깊이 있고 내공 가득한 답변이었다.

지엽적인 지식으로 임기응변하는 것이 아닌 전체의 흐름과 맥락 속에서 핵심을 짚어주는 최 대표의 답변은 정말 감동적이었다.

"저는 이 강단에 서기 전까지 11년간 총 네 개의 비즈니스를 경험했습니다. 그런데 재미있게도 저는 모두 동종업계로의 이직이 아닌 전혀 다른 분야의 전직을 단행했습니다. 참고로 저는 각각의 비즈니스에서 모두 탁월한 성과들을 달성한 후 이전 기업보다 늘 좋은 조건으로 직장을 옮겼습니다. 대기업에 서버와 스토리지도 판매했고, 유통기업에 게임 소프트웨어도 판매했고, 프랜차이즈 기업에 마케팅분석 시스템도 판매했고, 심지어 국내외 정부기관에 군수장비까지도 판매해 봤습니다. 솔직하게 말씀드려서 저는 서버와 스토리지 전문가도 아니었고, 게임 소프트웨어 전문가도 아니었으며 군수장비와 마케팅분석 시스템 전문가는 더더욱 아니었습니다.

그러나 저는 그때마다 반복적으로 사용할 수 있는 이 검증된 판매 프로세스를 알고 있었기에 어떠한 복합 판매 환경 속에서도 당황하지 않고 이를 적용해 성과 달성을 할 수 있었던 것입니다. 강조했듯이 제품 지식은 매우 중요하지만 전문가 영업, 전략적 판매를 하는 사람들은 결코 제품 중심의 사고에 빠져 있지 않습니다. 오직 고객과 프로세스에 집중해야 한다는 사실을 명심해 주시기 바랍니다."

'바로 이거야. 내가 바라고 기대하던 교육이….'

짝짝짝! 나도 모르게 소리 없는 박수가 절로 쳐졌다. 왠지 모를 뜨거움이 가슴속 깊은 곳에서 솟구쳐 올라왔다.

"이제 3P 중 마지막인 연습만 남았습니다. 이해를 돕기 위해 전략적 판매를 자동차에 비유한다면 원리는 엔진에, 프로세스는 연료에, 그리고 연습은 윤활유에 해당한다고 볼 수 있습니다. 이 세 가지 중 어느 하나라도 소홀함이 없도록 할 때 우린 비즈니스라는 전장 속에서 멈추지 않고 승리할 수 있게 됩니다. 그런데 안타깝게도 많은 국내 기업들은 이 세 가지보다는 타 기업들의 성공사례에 더 큰 관심을 보여 온 것이 사실입니다.

그렇지만 특히, 이 영업 판매라는 분야는 타 기업의 모방만으로는 한계가 있다는 것이 여러 전문가들의 지배적인 의견입니다. 우리가 하는 비즈니스의 가장 큰 특징은 각각의 개별 시장 속에서 장기간 진검승부를 해야만 하는 복합 판매의 형태를 띠고 있습니다. 이러한 승부에서 성과를 내려면 단순한 기법이나 사례 공부만 해서는 분명히 한계가 있습니다. 오직, 판매가 생성되는 원리와 프로세스를 학습하고 충분한 연습이 그 뒤를 따라 주어야만 실전에서 그 위력을 체감하게 된다는 점을 잊지 않아야겠습니다."

'잊지 말자! 3P. 원리(Principle), 프로세스(Process), 연습(Practice)을…'

전략적 판매의 위력

맛난 점심을 먹은 후 수잔 백 프로, 최 대표와 함께 아름다운 연수원 산책로를 따라 걷고 있었다.

"백 프로님, 이제 미국 가시면 한동안 못 뵙겠네요."

"박 프로님이 미국으로 오세요. 내년 CES 때 오시면 되겠네요. 저는 늘 애들 데리고 가거든요."

"그거 참 아이들한테도 좋은 교육이 되겠군요. 역시!"

"최 대표님은 CES 자주 가셨죠?"

"하하, 네. 저는 작년 해외 출장 때문에 못간 것 빼고는 거의 매년 가는 편입니다. 자비를 들여서 간 적이 있을 정도로 CES 관람은 저의 최애 럭셔리 취미이기도 하죠. 거기서 알게 된 바이어들 중엔 인간적으로 친해진 친구도 있고요. 또 잊을 수 없는 실적을 만들어준 고객들도 있답니다."

역시 앞서가는 사람들은 뭐가 달라도 달랐다. 이들은 일과 생활을 분리하려고 하기보다는 오히려 삶의 일부로 받아들여 적극적으로 시간과 비용을 투자하는 모습들을 보여주고 있으니 말이다. 실로 배울 점이 한두 가지가 아니었다.

"점심 맛나게 드셨나요? 그럼 교육 시작하겠습니다. 혹시 여러분들께서는 손안에 들어왔다고 확신했던 거래가 실패했던 경험이 있으신가요? 만일 있었다면 그 이유는 무엇이었나요?"

"다른 요인은 없었는데 경쟁사의 공격적인 가격 정책에 밀려서 놓친 경험이 있습니다."

"윗선에서 갑자기 거래선을 교체하라는 지시를 받았다며 담당자로부터 통보를 받은 적이 있습니다."

교육생 몇몇이 손을 들어 자신의 경험담을 이야기했다.

"사실 이런 일들이 생기면 안 되는데 제 아무리 경험 많은 영업 베테랑이라 할지라도 종종 이와 같은 일들을 당하는 경우가 있습니다. 그런데 더 큰 문제는 대개의 경우 거래 실패의 정확한 이유를 모른 채 그냥 지나친다는 점입니다. 사실 우리가 정확하게 알지 못하는 것일 뿐이지 이처럼 거의 수주가 확실시되었던 판매를 놓치는 데에는 분명하고도 구체적인 원인들이 자리잡고 있습니다. 물론 원천적으로 고객사 내부에서 벌어지는 일들을 우리가 어떻게 제어할 수는 없겠지만 최소한 이러한 원인들을 없애고 유리한 고지를 유지하려면 지난 시간에 말씀드린 전략적 판매 프로세스를 잘 준수할 필요가 있습니다. 지금부터 하나의 사례를 통해 설명을 드리고자 합니다."

창피해서 손을 들고 말하지는 않았지만 이와 관련해서 나도 유사한 경험이 있었다. 접촉하던 담당자가 갑자기 퇴사를 해버린 탓에 해당 판매 기회가 그만 공중에 떠버린 것이었다. 나중에 안 사실이지만 그 공백을 틈타 경쟁사는 재빠르게 새 담당자와 관계를 맺고 해당 판매 기회를 수주로 연결하였다.

"지금부터 말씀드리는 내용은 실제 사례입니다. 고객사 A는 대형 서버 및 스토리지 시스템을 계약하고자 공급자를 물색 중이었습니다. A사와 5년 동안 거래를 해온 B사 영업대표 임 차장은 이번에도 이변 없이 자신이 무난하게 수주할 수 있으리라 자신했습니다. 가격 및 제품 경쟁력이 우수해서이기도 했지만 자신감의 원천은 세 살 위인 A사 사장과 고등학교, 대학교 선후배 관계로 꾸준히 신뢰를 받아왔고 가끔 임원진을 대동해서 골프 모임도 가졌기에 그랬습니다. 물론, 고객사 A는 임 차장과만 거래를 한 것은 아니었지만 여러모로 볼 때 다른 공급자들은 해당 판매 기회를 수주할 만큼의 역량을 갖고 있지는 못하다고 임 차장은 확신했습니다.

그런데 어느 날 임 차장은 청천벽력 같은 소식을 해당 구매 부서장으로부터 듣게 됩니다. 이번 계약 건은 동종업계 경쟁사인 C사와 계약하게 되었다고 말이죠. 이미 회사 내 파이프라인을 통해 당월 판매목표 보고까지 마친 상태여서 임 차장은 이래저래 난감한 상황에 처하게 되었습니다. 도대체 무엇이 문제였는지를 파악하기 위해 백방으로 고객사 내부를 휘젓고 다녔고 그 결과 왜 확신했던 수주를 빼앗기게 되었는지 알 수 있었습니다. 경쟁사 C의 영업대표 D과장은 아주 오래전부터 고객사 A에 드나들면서 해당 판매건의 실질적인 최종 승인권자가 누구인지를 파악했습니다. 그리고 단순히 구매라인뿐만이 아닌 고객사 내 주요 부서의 핵심 관계자들을 두루 접촉하면서 얻은 정보를 바탕으로 지금까지 그 어느 누구도 하지 않았던 지속 가능한 비용 절감안을 제품 공급안과 함께 제출해 고객사 내부적으로 큰 호응을 얻었다는 것입니다. 또한 고객사 사장은 C사의 D과장과는 얼굴 한번 마주친 적이 없다고 했습니다. 제가 이 사실을 정확하게 알고 있는 이유는 당시의 임 차장이 저의 사수였기 때문입니다."

"아니 그렇다면 최종 승인을 사장님이 안 하고 다른 사람이 했다는 말인가요?"

나는 너무도 궁금하여 재빨리 질문을 했다.

"그렇습니다. 지금까지 말씀드린 사실만을 가지고도 우린 충분히 전략적 판매의 프로세스로써 본 사례를 해석해낼 수 있습니다. 우선 전략적 판매에서는 도장을 찍기만 하는 형식적 승인권자와 구매의 합리성과 비용 등을 판단해 결정하는 실질적 승인권자로 나눕니다. 제가 알기로는 이 케이스에서 실질적 승인권자는 사장이 아닌 해당 사업부를 관장하는 부사장이었습니다. 그리고 이 사례에서 유념해 봐야 할 것은 C사의 D과장이 전형적인 전략적 판매 프로세스를 따르고 있다는 점입니다. 바로 고객사 내 주요 부서들의 핵심 관계자들을 모두 접촉했다는 사실에 주목할 필요가 있습니다. 그것도 꾸준히 오랫동안 말이지요.

그리고 또 하나 빼놓을 수 없는 것이 D과장은 단순히 고객들과 친분관계를 맺는 것에 그친 것이 아니라 고객사를 위한 실질적인 비용 절감안을 정밀하게 연구하여 도저히 고객이 거부할 수 없는 매력적인 제안을 했다는 점입니다. 자 그럼 이 사례를 통해 여러분이 느끼는 바를 한번 교재에 직접 적어보시기 바랍니다."

3분간의 적자생존(적어야 산다) 시간이 지나자 최 대표는 맨 앞자리에 있는 나부터 발표를 시켰다.

"저는 일단 임 차장이 너무 자만하지 않았나 하는 생각을 해보게 됩니다. 아무리 사장이 권한을 행사하는 자리에 있는 분이라 할지라도 그것만 믿고 고객사가 진정으로 필요로 하는 것을 고민하지 않은 점이 가장 큰 문제였다고 생각합니다."

"평상시 같았으면 임 차장의 영업 활동에는 크게 문제가 없었다고 판단됩니다. 아니 오히려 훌륭하게 업무를 잘 수행했다고 생각합니다. 사실 영업력이 없는 사람이라면 오랜 세월 경영진과 친분을 유지할 수는 없는 것이니까요. 다만 이 사례에서 배울 점은 달걀을 한 바구니에만 담아서는 안 된다는 것입니다. 이 말은 비단 주식투자에만 해당되는 격언이 아니라 기업고객을 상대할 때도 구매 라인을 포함한 고객사 내 여러 관계자들을 내 편으로 만들 필요가 있다는 사실을 깨닫게 해줍니다."

누구인지 고개를 돌려 볼 만큼 깊이 있는 답변이었다.

"답변 감사합니다. 나중에 배울 내용이지만 또 하나 알아두어야 할 사항은 C사의 D과장은 고객사 내에 서포터 그룹을 개발했을 거라는 겁니다. 말씀드린 대로 D과장이 사장과 접촉한 사실이 전혀 없음에도 불구하고 부사장을 공략한 이유는 필시 부사장이 실질적인 해당 판매건의 결정권자라는 정보를 누군가로부터 들었기 때문일 것입니다. 이는 내부의 서포터 그룹이 없이는 거의 불가능한 일이죠."

나는 아까 창피해서 망설였던 질문을 지금 타이밍에 해야겠다는 생각이 들어 손을 들었다.

"접촉하던 담당자가 갑자기 퇴사를 해버린 탓에 해당 판매 기회가 그만 공중에 떠버렸고 이를 틈타 경쟁사는 재빠르게 새 담당자와 관계를 맺고 해당 판매 기회를 수주해버렸습니다. 이 경우도 경쟁사의 담당자가 전략적 판매 프로세스를 따랐다고 볼 수 있는지요?"

"그렇습니다. 제가 이번 시간에 하나 더 강조하고 싶은 것은 이것입니다. 방점을 전략적 판매 프로세스의 '실행'에 두어야 한다는 것이죠. 방금 전 박 태출 프로님이 질문하신 내용에서도 유추할 수 있듯이 경쟁사 담당자는 평상시에 해당 고객사에 대한 모니터링 프로세스를 꾸준하게 실행해오고 있었다고 볼 수 있습니다. 그렇지 않았다면 그렇게 빠른 시간 내에 그 공백을 침투할 수는 없었을 테니까요. 다음 시간에 또 말씀드리겠습니다만 우리가 하는 복합 판매 형식의 비즈니스에서는 여러 변수들이 항상 존재합니다. 즉, 회사가 인수합병이나 구조조정의 상황에 놓일 수도 있고 정기적, 비정기적으로 자리 이동이 발생하기도 합니다. 그런데 가장 결정적인 변수는 한 회사에서 최초로 거래를 승인한 사람이 다음 번 거래에서도 반드시 동일한 권한을 갖고 있을지는 아무도 장담할 수 없다는 점입니다. 바로 이 점이 신뢰할 만한 프로세스를 실행해서 전략적인 판매로 연결해야만 하는 이유입니다."

우리가 하는 비즈니스

"지금 제가 여러분들께 소개하고 있는 또 앞으로 소개할 많은 세부 프로그램들은 지난 수십 년간 미국 내 다우지수와 S&P 500에 드는 기업들이 실제 현장에서 사용하고 그 효과성에 관해 검증을 마친 것들입니다. 그렇다고 해서 주요 지수 내에 포함된 기업들처럼 큰 기업에만 해당하는 전유물은 아닙니다. 비록 작은 기업이라 할지라도 다음과 같은 판매에 해당한다면 이 프로그램은 모두에게 유효하다고 말할 수 있습니다. 그것은 바로 '최종 계약이 내려지기까지 여러 사람들이 승인하거나 의견을 제시해야 하는 판매'를 가리키며 우리말로는 복합 판매complex sales라고 합니다. 보통은 B2B 영업으로 불리지만 직관적으로는 복합 판매라는 말이 더 쉽게 다가옵니다. 그럼 여기서 질문을 드려보겠습니다. 만일 여러분들이 만년필 세트 천만 원어치를 모 기업의 판촉 행사 용도로 판매하려고 할 경우 이것은 복합 판매에 해당할까요?"

"천만 원에 대해 승인권자가 여럿이라면 복합 판매지만 승인권자가 한 사람이라면 해당하지 않습니다."

"그렇습니다. 더 구체적으로는 어떠한 판매이든 승인권자 라인에 둘 이상이 포함되어 있다면 일반적으로 복합 판매라고 정의합니다. 그런데 만일 만년필 세트 가격이 1억 원어치가 된다면 어떻게 될까요? 분명 승인권자가 더 많아질 것입니다. 그렇죠? 이 말은 달리 말해 판촉물의 품질에 대해, 가격에 대해, 반품 처리 등 각종 요구사항에 대해 더 많은 갈등과 저항이 생겨날 수 있다는 걸 의미합니다. 그리고 이 갈등과 저항들은 구매하는 회사와 공급사 간에 동시에 발생할 수 있습니다. 가령, '특정 가격할인선 밑으로 팔면 안 된다', '보증 기간을 2년 넘게 제시해서는 안 된다' 등과 같이 말이죠. 그러니까 종합하면 복합 판매의 두드러진 특징 중 하나는 구매자나 공급자 두 조직 모두에서 여러 단계별 책임자들의 의견이 동시에 반영된다고 볼 수 있습니다."

복합 판매는 한마디로 판매 과정 자체가 복잡해진다는 것을 의미했다. 그리고 우리의 비즈니스는 이렇듯 복잡한 구조의 특성을 지니고 있기 때문에 단순히 제품 하나로써 단일 구매 영향력자를 설득해 목적한 바를 이루기가 어렵다는 것까지도 깨닫게 되었다. 결국 최 대표의 사수였던 당시 임 차장의 과오는 복합 판매의 구조 속에서 발생하는 조직 내의 여러 저항이나 갈등 요소를 무시했기 때문에 빚어진 결과였다고 해석할 수 있었다.

"그렇다면 이렇듯 복합 판매에서 발생하는 갈등이나 저항을 해결해야 최종적인 구매 계약으로 갈 수가 있을 텐데요. 어떻게 하면 그 갈등이나 저항을 잘 해결할 수 있을까요? 제가 알기로는 TOS의 비즈니스도 단일판매 프로젝트의 경우 보통 고객 진단에서 컨설팅 완료까지 대략 3개월이 소요된다고 들었으며 제가 경험했던 방산사업을 포함해 국내외 조선, 철강, 건설 비즈니스의 경우엔 보통 수년간의 영업 활동이 요구되기도 하는데 단일거래 규모만 수십, 수백 억 이상이 되는 이와 같은 거래에서 과연 우리는 어떠한 방법으로 갈등과 저항을 극복해 목적한 바를 이룰 수 있을까요?"

"최대한 고객사 내에 주요 핵심인사들을 접촉해서 그들의 필요가 무엇인지를 파악해야 할 것 같습니다."

"서포터 그룹을 통해 고객 내부의 동태를 면밀히 파악한 후 판매 기회가 포착되었을 때 제안을 하는 겁니다."

"그렇습니다. 두 분의 답변 속에 답이 들어있는데요. 두 분이 하신 이야기들을 가시화하고 실제화하기 위해 우린 훨씬 정교하고 분석적인 판매 프로세스를 가동해야 합니다. 이것을 구조Structure 전략Strategy이라고 말하는데 보통은 구조를 생략하고 전략이라고만 합니다. 이것은 우리가 하는 비즈니스의 대표적인 특징이 상품의 특성이나 가격이 아닌 판매 구조에 있기 때문에 특별한 전략을 필요로 하는 것이라고 이해하시면 되겠습니다."

"그러니까 구조라는 게 판매 케이스별 복잡함의 정도나 유형을 말씀하시는 건가요?"

"네, 맞습니다. 좀 더 쉬운 예를 든다면 영업대표가 모니터 다섯 대를 소매점에 팔 때에는 큰 어려움이 없지만 5천 대를 대형 유통업체에 판매할 때에는 구조적으로 특별한 전략을 요구한다는 의미입니다. 이해하셨듯이 판매 과정에서 여러 사람들의 승인과 의견을 거쳐야 하니까요."

최 대표는 일전에도 담소를 나누며 이와 관련해 이야기를 해준 적이 있었다.

　"우리가 하는 일 중에서 말쑥하게 옷을 차려입고 고객을 좋은 곳에 모셔 접대하는 방식이 꼭 잘못되었다기보다는 그 방식이 더 이상 회사에 돈을 벌어다 주지 못한다는 사실을 분명히 알아야 하는 거죠. 실제 이러한 방식은 우리 일에서 5%도 채 차지하지 않습니다. 사실 우리가 하는 일의 대부분은 전략이거든요."

　"아주 단순한 예입니다만 모니터 다섯 대를 소매점에 판매하는 것과 5천 대를 대형 유통업체에 파는 것에는 생각보다 큰 차이가 있습니다. 전자와 달리 후자의 경우엔 전략적 접근을 위한 판매 전문성이 필요하기 때문이죠. 여러분들이 해야 할 비즈니스도 그렇지만 수주를 하는 데에만 최소 1년에서 3년 이상의 영업 활동이 필요한 대형 규모의 거래에서는 이보다 훨씬 더 정교하고 치밀한 판매 전문성을 요구합니다. 사실 여러분들이 이 과정에서 익혀야 할 많은 프로그램들은 의료나 법률 서비스에 못지않은 직업 전문성을 갖추도록 고안된 것들이며 그렇기 때문에 고되고 힘든 훈련을 통과해야만 합니다. 의과대학 수련의가, 법과대학 법학도가 충분한 이론과 실제에 관한 훈련 없이 현장에 투입된다면 어떻게 되겠습니까? 마찬가지로 이제부터 여러분들은 여러분의 비즈니스에 걸맞은 전문가적 역량과 소양을 갖추기 위해 훈련해야 합니다. 그런 의미에서 지금 이 시간에는 여러분들이 수행해야 할 복합 판매에서 성공하기 위해 무엇을 해야 하고, 왜 해야 하며 어떠한 마인드를 가지고 임해야 하는지에 대해 생각해보는 시간을 갖도록 하겠습니다."

교육생들은 4개조로 나누어 약 15분간 진지한 토론을 했다. 판매 전문가로 거듭나기 위해 이러한 시간을 갖고 동료 교육생들과 이야기한다는 것이 매우 뜻깊었다. 조별 토론이 끝난 후 각 조의 대표들이 강단으로 나와 조별로 토의한 내용들을 정리해 차례로 발표했는데 전체적인 발표 내용의 흐름이 '변화와 전략'으로 압축되었다. 변하지 않는 유일한 요소가 변화라는 것에 모두가 공감하며 그 변화의 소용돌이 속에서 우리가 살아남기 위해서는 절박한 심정과 더불어 철저한 전문성으로 무장해야 한다는 것, 그렇기에 불확실성의 시대에서 우리가 할 수 있는 최선은 과거 주먹구구식의 운과 연, 어림짐작에 의존하는 판매 방식이 아닌 신뢰할 만한 전략적 판매 프로세스를 통해 끊임없이 불확실한 요소들을 제거해 나갈 수 있도록 하는 전략에 의견이 모아졌다.

"1990년대 초반에 대두되었던 뷰카(VUCA : 변동성Volatility, 불확실성Uncertainty, 복잡성Complexity, 모호성Ambiguity)의 환경은 오늘날 더 빠르고 강력하게 진행되고 있습니다. 하지만 자신 있게 여러분들이 행운아라고 말씀드릴 수 있는 이유는 어떠한 뷰카의 환경 속에서도 기회를 포착해 판매 전략으로 전환할 수 있는 세계 최고의 기술과 방법들을 여러분께 제공할 것이기 때문입니다.

또한, 이 기술과 방법들은 여러분들 개개인의 자기 혁신을 통해 더욱 강화될 것임도 분명하게 밝혀 둡니다. 같은 의과대학에서 같은 커리큘럼을 함께 이수한 수련의라 하더라도 어떤 이는 명의가 되지만 또 어떤 이는 방향 감각을 상실한 평범한 수준 이하의 의사가 될 수도 있기 때문입니다. 바라건대 여러분들은 겨우 평범한 수준에 만족하지 않길 바랍니다. 방금 전 말씀드린 방향 감각의 상실은 여러분에게 불완전 판매의 가능성을 높여 고객과 여러분이 상호 윈-윈이 아닌 윈-루즈나 루즈-윈, 최악의 경우 루즈-루즈의 결과를 만들어내기에 위험합니다.

그렇다면 이러한 불완전 판매가 생기지 않게 하려면 어떻게 해야 할까요? 우선은 전술보다 전략에 우선하는 프로세스의 원칙을 준수해야 한다는 것입니다. 이것은 전술보다 전략이 우위에 있다는 것이 아니라 우선순위가 있음을 말합니다. 시중에도 많은 고객대면 기법과 같은 전술(기법) 서적들이 나와 있습니다만 진정한 전문가 영업 조직과 영업 인력들은 절대로 전술을 전략보다 우선하지 않습니다. 왜일까요? 그것은 이전 임 차장의 사례에서도 보았듯이 적절하지 않은 대상, 적절하지 않은 타이밍에 전술이 먼저 사용되었을 때 그것이 오히려 독이 될 수 있기 때문입니다. 전략은 전술을 더욱 빛나게 만들며 전술과 마찬가지로 훈련을 통해 그 역량을 강화할 수 있습니다. 저는 여러분들이 고객을 만나기 전에 '어떻게 말할 것인가'가 아닌 '무엇을 왜 말해야 하는가'에 중점을 둔 교육을 하고자 하는 것입니다. 이것이 우리가 해야 하는 비즈니스이니까요."

제발 전략을 소홀히 하지 말라

"단언컨대 대한민국에서 영업을 배운 사람들 대부분은 다음과 같은 주문을 들어보셨을 것입니다. '일단 부딪쳐봐. 그럼 뭐가 나와도 나오겠지.', '책상에 붙어 있으면 주문이 하늘에서 떨어지나?' 이 말들은 영업 활동에 있어서 전략적인 요소들은 고려하지 않은 채 당장 눈앞에 있는 이익에 다급해진 기업 내 실적 관리자들의 발언입니다. 놀랍게도 이러한 발언들은 일등 기업, 꼴등 기업을 가리지 않습니다. 4차 산업혁명을 논하는 시대에 설마 이와 같은 일들이 벌어질까 생각하겠지만 오늘날에도 정도의 차이만 있을 뿐이지 여기저기서 일어나고 있는 실제 상황들입니다. 멋진 수트에 구두를 깔 맞추고 규모가 큰 회사 배지는 달았지만 일하는 방식만 놓고 보면 축구공 10만 개를 팔아야 하는 사람들이 다섯 개를 파는 사람들과 별반 다르지 않게 일을 하곤 합니다. 아직도 기업 내부에 있는 사람들 중엔 영업 판매 활동이 지성과 훈련보다는 열정, 투지, 기교, 개성 등에 좌우된다는 낡은 고정관념을 갖고 있는 이가 적지 않습니다. 아, 그렇다고 오해는 마세요. 열정, 투지, 기교, 개성이 중요하지 않다는 뜻은 아니니까요."

최 대표의 말은 송곳처럼 날카로웠다. 그리고 아팠다. 누구보다 나 자신이 평생을 그렇게 생각해 온 장본인이기 때문이다. 또 하나는 이상하리만큼 기존의 많은 교육 프로그램들조차 '고객이 말할 때 시선은 상대의 인중에 두고 옅은 미소를 띤 채 고개를 끄덕이면서 경청하세요', '상담과 협상시에는 질문을 최대한 이용하세요' 와 같은 전술적 기법에 치중한 것들이 대부분이었다는 점이다. 궁금했다. 어째서 우리나라는 유독 영업 판매에 있어서 전술 교육이 전략 교육보다 더 우선해 왔던 것일까?

"제가 전략을 강조하면 전술을 전략보다 못한 하위의 개념으로 생각하시는 분들이 계십니다. 그러나 전혀 그렇지가 않습니다. 다시 한 번 말씀드립니다만 전략과 전술은 우열의 개념이 아니며 둘 다 똑같이 중요합니다. 워낙 국내 기업에서 전략을 소홀히 다루다 보니 의식적으로 전략을 더 강조하는 것임을 알아주셨으면 합니다. 이것만 잊지 않으시면 됩니다. 전술은 전략이 먼저 세워진 후에 사용되었을 때 더 큰 효과가 생겨난다는 점을요."

잊고 있었던 수잔 백 프로의 말이 또렷이 상기되었다.

"이런 저런 모든 역사적, 사회 문화적 요인을 제외하더라도 한 가지 분명한 이유를 들자면 한국에는 이와 같은 전략적 판매에 관한 검증된 교육 프로그램 자체는 물론 이를 제대로 가르칠 만한 – 문무를 겸비한 – 교수자도 거의 없었습니다. 또 영업 판매에 있어서 전략의 중요성을 이해하지 못한 제조 중심의 기업 문화도 한 몫 했다고 볼 수 있는 거죠."

그러다 보니 기업 영업조직에서 '전략'이라는 용어는 임원진을 대상으로 월말 매출 예상 보고 시, 혹은 차기 년도 경영 계획을 달성하기 위한 판매 달성안 보고 때나 등장하는 낯선 엑스트라쯤으로 취급된 것이 사실이었다. 원래는 '전략'이 앞에서 수시로 나서줘야 하는 주연이 되었어야 하는데 말이다. 결국, 선배 관리자들부터 제대로 배우질 못했으니 현장 영업이라는 명분 아래 후배 영업 대표들을 그저 밖으로만 내몰게 되었던 것이고,

정작 중요한 전략은 논의하지 않은 채 오로지 대책만 강구하라는 목소리만 높였던 것이다.

"제가 영업팀장으로 근무했을 때는 전략이 하나라도 수립되지 않은 상태에서는 고객을 만나지 말라고도 했습니다. 가능하면 충분한 분석과 숙고의 과정을 거쳐 현재 자신의 포지션을 면밀히 파악하라고 했죠. 많은 사람들이 영업 판매 활동을 무조건 밖에서 고객을 많이 만나는 것에만 치중한 나머지 사전 학습과 기획의 과정을 소홀히 다룹니다. 하지만 전략적 판매 과정을 이수한 영업 대표들의 움직임들을 살펴보면 과거 영업 관리자 시선에서만 보았을 경우 저들이 과연 내근 기획직인지 외부 영업직인지 분간하기가 어려울 것입니다. 그만큼 고객의 데이터를 분류하고 정리하는 작업이 고객을 만나기에 앞서 얼마나 중요한 것인지를 단적으로 보여주는 것이죠. 이러한 과정을 거쳐 만들어진 그때그때의 판매 전략들은 여러분들로 하여금 적합한 고객을 대상으로 적절한 시간과 장소에서 보다 효과적인 전술적 활동들을 가능하게 만듭니다."

다시 임 차장의 사례를 교훈삼아 본다면 우리가 하는 많은 영업 판매 활동에는 지나친 자신감에 사로잡힌 나머지 새로운 정보나 불확실성에 주의를 기울이지 못해 벌어지는 불상사가 언제나 발생할 수 있음을 알아야 한다. 그런 의미에서 전략은 우리를 겸손하게 만들어주며 최소한 번지수를 잘못 찾아 괜한 헛발질을 하지 않도록 해주는 고마운 길잡이 수단이다.

"우리가 전략을 중시해야 하는 또 하나의 중요한 이유는 고객과 장기

전략적 판매의 고수가 된 박태출

거래를 하기 위함입니다. 이는 고객으로부터 얻는 신뢰와 직결되는 문제로써 자칫 전술 위주의 영업 판매 활동에서 흔히 나타나는 것들 가령, 당월 매출마감을 위한 조급한 판매 드라이브, 적합하지 못한 고객들을 향한 구애, 양적 위주의 신규 고객 발굴 등이 일으키는 부작용들을 최소화시키는 것과 연결됩니다. 이와 관련해 어떠한 부작용들이 있을 수 있을까요?"

"마감에 쫓기다 보니 어쩔 수 없이 고객에게는 당장 필요하지 않은 제품이나 서비스를 구매하도록 한 적이 있습니다. 나중에 안 사실인데 시간이 점차 지나면서 고객은 저의 이러한 습관적인 끼워 넣기 판매 방식에 불만이 있었던 모양입니다. 어느 순간 고객과의 소통이 단절되기 시작했고 상당한 시간이 지난 후에야 이러한 사실을 깨닫게 된 경험이 있습니다."

"고객의 환경을 진단하다 보면 우리의 특정 제품이 적합하지 않은 경우가 있습니다. 그럴 경우 회사에서는 고객의 환경에 최적화할 수 있도록 조치를 취하라고 합니다만 현실적으로는 그렇게 하지 못하는 경우가 있습니다."

"진솔한 의견 감사합니다. 여러분들이 당시에 취한 조치들이 무조건 잘못되었다고 탓할 수만은 없습니다. 우리의 일은 단기적인 목표와 장기적인 목표 둘을 동시에 달성해야 하기 때문이죠.

그래서 특별히 영업 관리자들은 일의 우선순위를 구분해낼 줄 아는 균형적인 시각이 필요합니다. 사실 이러한 것들을 영업 대표와 머리를 맞대고 함께 조율해줘야 하거든요. 고객은 아무것도 모르는 것 같지만 결국에는 다 알게 됩니다. 만일 여러분들이 제시한 견적만큼 적정 서비스가 이행되지 않을 경우 고객은 다시는 우릴 부르지 않을 것입니다. 운이 나쁘면 시장에 안 좋은 소문을 낼 수도 있습니다. 혹여 보이지 않는 판매 실기를 부르게 되는 악수가 될 수도 있기에 심히 우려가 되는 일이 아닐 수 없습니다. 하지만 올바른 전략적 판매 프로세스에 의해 고객과 상호 윈-윈이 될 수 있는 의사결정을 내릴 수만 있다면 이는 장기 거래를 위한 발판이 될 수 있습니다. 강조합니다. 우리가 하는 일이 하루 혹은 한 달 일해서 연명해야 하는 거래들이라면 굳이 전략이라는 걸 고려하지 않아도 됩니다. 우리 비즈니스에서 고객의 눈에 비친 여러분들의 모습들이 당월 매출 마감에만 급급해하는 걸로 비쳐진다면 고객은 언제든지 달아날 준비를 할 것입니다.”

교재의 사례에서는 경쟁사와 시장 다툼을 치열하게 하고 있는 모 기업이 신제품의 베타 테스트 과정을 충분히 거쳐 시장 출시가 가능해졌음에도 큰 문제가 되지 않는 작은 버그 문제로 인해 고객의 피해를 우려, 경쟁사보다 한참 뒤에서야 출시를 결정한 스토리를 볼 수 있었다. 당시에는 출시 시점 간격에 따라 시장에서의 지위가 크게 나기 때문에 출시 시기가 늦춰지는 만큼 큰 손해를 감수해야 했는데도 말이다. 그렇지만 결국, 올바르고 신뢰할 만한 프로세스를 기초로 해당 기업은 과감하게 고객의 피해를 고려한 전략적인 의사결정을 내렸다. 훗날 그 결정은 옳았으며 전화위복이 되었다. 경쟁사의 급한 출시로 인해 고객의 피해가 발생되었기 때문이다.

"복합 판매는 구조적으로 장기 거래에 최적화되어 있으며 상호 신뢰가 없이는 유지하기가 어렵습니다. 우리가 장기 거래에 집착해야 하는 이유는 고객의 이익을 중요시함으로써 우리의 지속 가능한 이익으로 선순환이 되도록 하기 위함입니다. 아울러 선순환 고리를 잘만 관리한다면 기대 이상의 부가가치가 단리가 아닌 복리의 이익으로 다가오게 됩니다. 타계열사 및 다른 고객사 소개받기, 해결책이 안 보이는 판매 정체를 극복하기, 인상된 금액으로의 계약 갱신 등으로 말이지요. 이것들이 가능하려면 무조건 팔고 보자는 식이 아닌, '어떻게 하면 고객의 가치를 극대화할 수 있을까?' 하는 질문에서 시작해야 합니다. 바로 그러한 질문들로부터 답변된 하나하나의 방안들이 신뢰할 만한 판매 프로세스로부터 도출된 전략입니다. 정말 좋은 뉴스를 하나 말씀드릴까요? 이 전략을 만들어내는 수단을 우리는 보유하고 있고 이를 통해 어떠한 고객의 환경 속에서도 반복적으로 사용할 수 있게 되었다는 것입니다."

기본과정을 이수하다

오늘은 이틀 동안의 기본과정을 마치고 최종 평가시험을 보는 날이다. 정말이지 눈 깜짝할 사이에 시간이 흘러간 것만 같다. 새벽 늦게까지 공부를 한 탓에 눈은 충혈이 되고 몸도 하루 종일 무거웠다. 이번 교육과정의 마지막 쉬는 시간, 이런 나를 발견한 최 대표가 자양강장제 하나를 들고 와서는 내 옆에 앉았다.

"박 프로님, 많이 피곤해 보이시네요."

"네, 지금까지 맨 앞자리에서 모범생 티를 팍팍 냈는데 시험 망치면 망신이잖아요. 공부 좀 하느라 밤잠을 설쳤더니 그만…"

"하하, 그러셨군요. 이제 돌아가시면 현업에 투입될 날도 얼마 안 남으셨네요."

"맞습니다. 다음 주 중 TF팀 업무 종료와 함께 바로 영업팀으로 출근합니다."

"다시 현업으로 복귀하시니 기분이 어떠세요?"

"솔직히 말해서 새로운 동료, 고객, 임무들이 나를 기다리고 있다 생각하니 약간의 두려움과 설렘이 동시에 올라오는 것 같아요. 최 대표님은 회사만 네 번을 바꾸신 거잖아요. 그때마다 그 낯선 환경에 어떻게 적응하셨어요?"

"음… 저처럼 경력직으로 회사를 옮긴 사람들은 가급적 빨리 회사 문화에 젖어 드는 게 중요한 것 같아요. 제가 알기론 SP 영업팀의 경우 기술영업 파트 직원들과 팀을 꾸려 협업하는 일이 많다고 들었습니다. 그러니 그들과 빨리 친해지세요."

"네, 명심하겠습니다. 이틀 동안 교육하시느라 정말 수고 많으셨어요. 저에겐 잊지 못할 명강의로 남을 것 같습니다. 벌써부터 하반기 심화교육이 기다려지네요."

이번 전략적 판매 영업 교육 기본과정을 통해 내가 얻은 최고의 결실은 판매가 고도의 전문직임을 깨닫게 해주었다는 점이었다. 특히, 수십 년간 미국을 대표하는 기업들로부터 혹독한 검증을 거친 전략적 판매 도구들은 하나같이 정교하고 특별했다.

그리고 이를 실전 사례를 통해 하나둘씩 나의 업무에 적용시켜가는 실습의 과정들이 그야말로 인상적이었다. 솔직히 처음에는 이렇게까지 고객을 파악해야 하나 싶을 정도로 세부적이어서 당혹스럽기도 했다.

하지만 과정이 마칠 무렵 이 도구들 하나하나가 서로 유기적으로 연결되어 하나의 시스템으로 시너지를 내고 있다는 것을 알게 되었다. 영업 판매 활동을 하면서 지나칠 수 있는, 즉 왜 제품은 훌륭한데 매출은 떨어지는지, 열심히 고객을 찾아가는데 왜 알 수 없는 이유로 판매 기회가 무산되는지 등에 대해 파악하고 대처할 수 있는 방법들이 있다는 것이 나로서는 신기했다. 이외에도 많지만 기억에 남는 몇몇 프로그램들을 나열해보면 다음과 같다.

- 적합한 승인권자를 찾고 부적합한 승인권자를 회피하는 방법
- 서포터 그룹을 개발해 여러 구매 영향력자들에게 효과적으로 접촉하는 방법
- 예상되는 매출의 불확실성을 최소화하고 가시화하는 방법
- 고객의 반응을 토대로 판매의 성공과 실패의 가능성을 가늠하는 방법
- 판매 목표별 시간 안배를 통해 단기, 중기, 장기 거래로 나누고 꾸준한 실적을 유지하는 방법

- 일회성 판매로 끝나지 않고 추천과 소개로 판매가 지속적으로 연결되게 하는 방법
- 고객사 구매 결정라인의 갈등과 저항을 최소화하는 방법
- 고객의 내부 변화에 민감하게 반응해 리스크를 최소화하는 방법
- 고객과 상호 윈-윈 관계를 유지해가는 방법

열거한 것들이 가능한 이유는 분명했다. 우리가 배운 것들이 체계적이고 반복해서 사용할 수 있는 검증된 판매 프로세스였기 때문이다. 효과적인 프로세스는 시간이 흘러도 좀처럼 진부한 것이 되지 않는다. 그런 의미에서 나는 이 과정을 '판매 전략의 클래식'이라고 말하고 싶다.

그리고 최 대표의 탁월한 강의력 또한 빼놓을 수 없다. 내가 생각하는 영업 교육 강사의 자격은 첫째, 충분한 필드 경험을 가지고 있어야 한다. 둘째, 이론과 실무로 다져진 핵심 질문을 던질 수 있어야 한다. 셋째, 태도와 목소리에서부터 열정이 느껴져야 한다. 등인데 최 대표는 부러울 정도로 이 모든 것들을 두루 갖추고 있었다. 과연 나의 열정 멘토다웠다.

"시험 보시느라 수고 많으셨습니다. 전체적으로 기본과정에서 다룬 도구들 즉, 전략적 판매 프로세스의 신뢰할 만한 수단들을 당장 현업에 가져서 적용해 보시기 바랍니다.

당부하고 싶은 말씀은 이것을 처음부터 완벽하게 사용하려고 조바심을 낼 필요까지는 없다는 점입니다. 단, 가급적 실전 사례 연습과 동일한 순서로 꾸준하게 작성하다 보면 어느새 관리하고 있는 거래선들의

면면들이 눈에 들어오기 시작할 것입니다. 어떤 것에 힘을 주어야 하고 어떤 것에 힘을 빼야 하는지가 드러나면 훨씬 수월하게 판매 전략을 수립하고 실행해 가실 수 있게 되는 것이죠. 그럼 지금부터는 이번 과정에 대해 참여하신 소감들을 들어보고 마무리 발언과 함께 마치도록 하겠습니다."

다들 아쉬웠는지 적극적으로 발언하려는 분위기였다. 특별히 전체 테이블을 원형 형태로 만들어 모두가 얼굴을 마주하니 더욱 진솔하고 익숙해진 느낌이 들었다.

"가장 큰 소득은 제품 중심적 사고에서 벗어나라는 것을 상기시켜준 점입니다. 제품에 집중하면 아마추어, 고객에게 집중하면 프로가 맞는 것 같습니다. 그럼에도 이 점을 자꾸 잊었던 이유가 논리적이고 체계적인 도구가 없어서 그랬다는 것을 여실히 느꼈습니다. 이번에 알려주신 방법들을 잘 활용해서 좋은 결실들을 맺어보도록 하겠습니다. 역시 기록은 기억을 지배합니다."

"지금까지 영업과 판매를 분리해서 생각해본 적이 없었습니다. 처음엔 말장난이 아닌가 싶기도 했는데 그런 제 생각이 틀렸음을 곧바로 깨닫게 되자 이 과정에 더욱 집중할 수 있었습니다. 결국 바늘과 실처럼 수평적인 영업 활동과 수직적인 판매 활동 모두 중요하지만 우리의 비즈니스처럼 장기 거래를 지향하는 거래의 경우 수직적인 판매 활동이 더욱 중요하다는 것을 깨닫게 되었습니다."

"저는 우리가 하는 일들이 4차 산업혁명 시대에서도 얼마나 경쟁력이 강한 업종인지를 알게 되어 무척 기뻤습니다. 결국, 데이터가 기름보다 더 중요한 이 시대에 그 데이터를 만들어내는 원천은 고객 내부에서 잘 드러나지 않은 영역이고 그것을 파악할 수 있는 검증된 도구들을 배울 수 있어서 뿌듯했습니다."

"저는 이 과정을 5년 전에 처음 접했습니다. 당시에는 이 과정이 이렇게까지 임팩트가 있는지 미처 몰랐습니다. 왜 그런가 생각해보니 크게 두 가지 이유에서였습니다. 하나는 현장에서 많은 시행착오를 겪다 보니 내용 하나하나가 공감되어서였고 또 하나는 교수자의 역량 차이가 뚜렷하다는 것입니다. 최 대표님은 이론과 실전 경험은 물론 시종일관 교육에 집중할 수 있도록 과정 사이사이에 섬세한 장치들을 마련해 두셨습니다. 이 과정의 컨셉에 맞게 치밀하고 정교하게 준비해주신 것들이 제게 큰 도움이 되었습니다."

그야말로 최 대표의 이번 강의는 대성공이었다. 맨 뒷자리에서 이를 지켜보는 수장 백 프로도, 참관하러 오신 몇몇 임원진도 모두 만족해하는 표정들이었다. 누구보다 기쁜 사람은 바로 나 박태출이었다. 나 자신의 발전은 물론 멘토를 회사에 소개한 보람까지, 어느 것 하나 완벽하지 않은 게 없었기 때문이다. 이제 최 대표의 마지막 발언만을 남겨두고 있었다.

"모두 감사합니다. 우리 모두는 비슷한 기억들을 가지고 있습니다. 마케팅부서에서 일을 하면 뭔가 두뇌 플레이를 하는 것 같고 영업부서에서 일을 하면 그저 몸으로 열심히 뛰어다녀야만 할 것 같은 착각들을 했던 때를 말이죠. 저는 운이 좋게도 볼펜 100자루를 파는 것과 10만 자루를 파는 것의 차이를 일찍부터 경험할 수 있었습니다. 직감적으로 전략의 필요성과 중요성을 깨달았던 것이죠. 여러분께서 혹시 남들과 다른 독특한 개인적 매력이나 특별한 인맥을 가지고 있다면 얼마든지 활용하셔도 좋습니다. 그것 자체는 축복받은 것이며 오히려 자신만의 무기가 될 수 있으니까요. 하지만 여러분께서는 복합 판매의 구조적 특성을 지닌 우리의 비즈니스 세계에서 그러한 것들을 전략이라고 착각하면 안 된다는 것을 이번 기회에 확실히 알게 되셨습니다. 업무적으로는 좀 더 정교하고 치밀해지십시오. 이 표현이 좋은 이유는 우리가 지향하는 전략적 판매 활동에 어울리는 용어이기 때문입니다.

혹시 지난 수십 년간 전 세계적으로 최고의 영업 인력들에게서 나타나는 주요 공통점이 무엇인지 아시나요? 그들은 언제나 자신의 업무 방식을 재평가하고 개선하는 것에 주저하지 않았다는 것입니다. 이는 자신만의 효과적인 업무 수행 방식을 가장 잘 파악하고 있는 사람이 가장 높은 생산성을 유지한다는 통계적 믿음에 기인합니다. 이번 과정을 통해서 바로 그러한 업무 방식의 재평가와 개선을 돕는 기본적인 도구들을 제공받았다고 보시면 되겠습니다.

그리고 하반기 심화과정에서 이 도구들을 더욱 탄탄하게 보강할 것입니다. 이제 여러분께서는 세계에서 가장 신뢰할 만하고 검증된 전략적 판매 무기들을 장착하게 되신 것입니다. 부디 현장에서 여러분의 실력을 마음껏 발휘해 보시기 바랍니다. 교육받느라 정말 수고 많으셨습니다. 감사합니다."

고수의 병행전술 2 : 콜드콜링 cold calling

콜드콜링은 프로스펙팅 단계 중 마지막 고객 컨텍에 해당하는 것으로 개념을 정의하면 다음과 같다.

'낯선 가망 고객을 대상으로 전화를 통해 판매를 권유하는 일체의 아웃바운드 세일즈 활동'

그런데 이를 보다 더 B2B 세일즈 관점에서 해석하면 '전화를 통한 낯선 가망 고객과의 약속 잡기'로 요약해 볼 수 있다. 생각해보자. 중대형 기업 영업 시장에서 우리가 제안하는 솔루션이 하루 아침에 계약되는 일은 거의 없다. 결국, 고객사의 핵심 담당자나 리더를 미팅 테이블로 이끌어내는 약속 잡기로 연결할 수 있을 때 비로소 여러분의 진면목을 브리핑이나 프리젠테이션과 같은 형식을 통해 보여줄 수 있게 된다. 콜드콜링이 전문가 영업의 축소판으로 불리는 이유는 '제품 중심 사고에서 벗어나 고객의 관심사를 먼저 언급하라'로부터 모든 것이 시작되기 때문이다. 이것은 지구상에 존재하는 거의 모든 영업과 판매의 상황에서 진리처럼 적용될 수 있는 개념인데 만일 여러분이 이 개념만 꾸준히 실천할 수 있다면 장담하건대 어떠한 일을 하더라도 성공할 수 있다. 결국, 콜드콜링을 통해서 성공적인 결과물을 얻으려면 스크립트와 같은 구성 전술(기법) 하나로만은 어렵다는 뜻이 된다.

그럼에도 불구하고 스크립트의 작성과 연습은 매우 중요하다. 왜냐하면 이 구조 속에 설득 세일즈의 원리가 담겨 있기 때문이다. 이른바 스마트한 약속 잡기 스크립트는 총 4단계로 구성되어 있는데 먼저 1, 2단계에서 고객이 관심을 가질 만한 이슈와 키워드를 배치시키는 게 핵심이 된다.

그리고 보통은 많은 영업인들이 약속 잡기를 구걸하듯 혹은 애원하듯 하는 경향이 있는데 이러한 스타일로는 상대의 기대심을 낮추어 매력을 떨어뜨리는 심리적 효과를 유발하기에 이런 방식으로는 실패하기 쉽다. 그렇다면 어떻게 약속 잡기를 잘할 수 있을까?

그래서 마지막 3, 4단계 구성에는 여러분의 솔루션이 고객사의 문제 해결에 어떻게 기여할 수 있는지에 대한 구체적인 가치가 반영되어야 하고, 마지막으로 약속 잡기 멘트는 상대에게 부담을 주지 않도록 평서문이 아닌 권유 형식의 질문으로 종결을 지어야 한다. 세일즈는 본질적으로 무에서 유를 창출하는 비즈니스이다. 그것이 가상이라 불리든 메타버스라 불리든 그 어떠한 디지털 변화의 물결이 도래해도 고객은 어디서나 존재하며 그들을 상대로 한 영업 판매 활동은 결코 사라지지 않을 것이다. 하지만 분명한 것이 있다면 그 고객들의 마음을 사로잡는 힘은 결국 아날로그 역량에서 비롯된다는 사실이다. 그래서 콜드콜링은 신규시장을 개척하고자 하는 사람들이 반드시 갖추어야 할 최고의 아날로그 역량이라고 생각한다.

EPISODE 3.
현업에 적용하기

INTRO

새로운 직무 기술과 전략적 판매 기본과정을 이수한 우리의
박태출. 이제 남은 것은 오직 실전뿐이다. 새로운 부서에서
맞이한 새로운 업무는 기존에 해왔던 일들과는 차원이 다른 한 단계 높은
수준의 전략적 판매 역량을 필요로 한다. 직속 상사 김용철 매니저는 그야
말로 이 필드의 프로 중 프로다. 누구와 함께 일하느냐가 참으로 중요한 법
인데 그와 함께 일하면서 박태출은 비약적인 역량의 성장을 경험하게 된다.

새로운 환경, 새로운 고객

　TF팀의 업무가 종료되고 SP 영업팀에 새롭게 둥지를 틀었다.

　TOS의 조직 문화는 미국식의 자율과 책임을 강조하면서도 각 나라별 로컬 문화를 받아들이는 유연성을 지니고 있었다. 영업 조직의 업무는 3년 전부터 애자일agile시장과 고객의 니즈에 민첩하게 반응해 대응하는 사고 또는 행동방식 방식과 모바일mobile 오피스를 받아들였고 소통은 주로 클라우드 기반의 협업 플랫폼에서 화상/비화상으로 이루어졌다. 사실상 재택근무로도 모든 업무가 가능한 것이다. 팀 매니저는 각 담당자들의 고객사별/프로젝트별 목표와 역할 그리고 인센티브 등에 관한 협의와 조율을 맡고 있는데 우리나라 기업들과는 달리 이러한 작업이 필요에 따라 수시로 진행된다. 이외에도 다양한 업무들이 디지털 기반의 스마트 툴을 통해 실시간으로 전 세계에 흩어져 있는 지역 본부와 공유되고 대시보드 상에 각종 지표들로 표시된다. 또한 매니저들의 경우 주 2회는 의무적으로 회사에 출근해 프로젝트 전략회의를 주재하거나 나와 같은 업무 정착이 필요한 인력들의 지원을 돕는다. 이 모든 것들이 가능한 이유는 디지털 트랜스포메이션(Digital Transformation, 이하 DT)을 성공적으로 정착시켰기 때문이다. 나의 업무는 기본적으로 제조 기반의 중소/중견 기업들을 대상으로 하며 이들 기업의 DT를 위해 혁신 과제를 선정하고 SaaS 활용에 기반한 업무 최적화 및 효율화를 위해 컨설팅을 하는 것이다. 나의 상사인 김용철 매니저는 새로운 고객에 대한 정보와 업무 그리고 협업할 동료들을 차례로 소개해 주었다.

"참고로 고객사 담당자와는 OT(Orientation, 이하 OT)를 마쳤으니까 모든 고객 업무는 태블릿 PC 내에 있는 고객 대응 매뉴얼에 따라 그대로 진행하시면 됩니다. 진단 항목들에 대해선 빠짐없이 체크 표시하고요. 그리고 꼭 인터뷰 내용은 고객 동의하에 녹음한 파일을 업로드하세요. 최초 고객 요구사항 분석이 완료되면 여기 계신 개발자분들과 함께 시스템 설계와 모듈별 개발이 들어갈 거예요. 우선적으로 중요한 건 고객사 내에서 우리와 원활하게 소통할 수 있는 사람들로 TF팀을 구성하는 거니까 이 부분에서 가급적 핵심 관계자들과 충분히 논의하도록 하세요. 이미 직무교육 때 다 배운 것이고 익숙하지 않아서 그렇지 그렇게 어려운 부분은 없을 겁니다. 문제가 있으면 언제든지 연락 주시고요. 그리고 지금은 휴가자들이 많은 기간이니 다들 복귀하면 그때 신고식 합시다."

"네, 알겠습니다, 매니저님."

"아, 그리고 기본적인 프로젝트 개요와 고객사 프로필이 업로드되어 있으니 참고하시고요."

모든 업무가 시대 흐름에 맞게 체계적으로 관리되는 회사라는 걸 금방 알 수 있었다. 이전 회사와 가장 크게 달라진 점은 영업 인력들에게 주어진 역할과 목표가 모두에게 투명하게 공유되고 한국식의 호봉제를 일부 적용하면서도 영업 조직의 특성에 맞게 높은 인센티브율을 적용한 측면이다. 세부적으로는 전사가 공유하는 영업 파이프라인^{pipeline} 상에 영업 인력들이 올리는 판매 기회들이 공유되면서 누구나 프로젝트에 참여 의사를 밝힐 수 있었고 각각의 프로젝트를 추진하는 셀^{cell} 리더는 적합한 인력들로 구성해 협력했다. 내가 방문해야 할 첫 고객은 김용철 매니저가 셀리더로 PM(Product Manager. 이하 PM)을 겸직하고 AM(Assistant Manager, 이하 AM)인 나, 개발자 한 명, 디자이너 한 명 이렇게 총 네 명이 움직이는 프로젝트의 해당 기업이었다.

'이건 완전히 개발도상국에 살다가 선진국으로 이민 온 기분이네.'

"이건 우리 팀의 판매 강령입니다. 쭉 한번 읽어보시고 숙지하세요. 그리고 이를 토대로 자신만의 판매 강령도 만들어 보세요. 한 가지든 열 가지든 상관없습니다. 분기에 한 번씩 전체 회의에서 공유하고 타당한 것은 투표를 통해 계속 업데이트합니다."

- 우리는(나는) 고객과 우리 모두에게 원 − 원이 되는 거래를 할 것입니다.

- 우리는(나는) 윈 – 루즈, 루즈 – 윈이 되는 거래는 절대 하지 않습니다.
- 우리는(나는) 계획을 세운 다음에 판매를 시작합니다.
- 우리는(나는) 우리를(나를) 돕는 서포터 그룹을 개발하여 고객에게 접근합니다.
- 우리는(나는) 모든 구매 영향력 관계자들을 파악하고 접촉하기 전에 거래를 종료하지 않습니다.
- 우리는(나는) 핵심 질문 설계를 통해 실제 중요한 사안이 무엇인지 이해하고 확인합니다.
- 우리는(나는) 주어진 시간에서 20% 이상 말하지 않고 80%를 경청합니다.
- 우리는(나는) 우리가(내가) 모르는 것을 찾아내어 영업을 진전시킵니다.
- 우리는(나는) 근본적인 문제를 찾는 데 주력합니다.
- 우리는(나는) 이러한 정밀한 판매 전개가 고객과 신뢰를 쌓고 장기간 거래를 지속시킬 수 있다는 것에 확고한 믿음을 가지고 임합니다.

놀랍게도 판매 강령에는 최 대표가 강의했던 영업 조직만의 판매 철학과 원칙이 잘 정리되어 있었다. 이제 남은 일은 고객과의 첫 만남을 앞두고 거래선 미팅 전략을 수립하는 일이다. 매니저가 팀 게시판에 올려놓은 프로젝트 개요를 읽은 후 나의 생각을 정리해 의견을 올려야 한다. 이것은 의무사항은 아니지만 이런 것들도 PM 평가에 반영될 수 있다고 했다. 꼭 평가를 떠나서 프로젝트에 대한 관심과 집중을 위한 목적이니 가급적 자율적으로 임해줄 것을 매니저는 당부했다. 이 정도만 해도 왜 이곳이 전통적으로 영업 판매가 강한 기업인지를 충분히 알 것 같았다. 며칠간 회사로 계속 출근해 고객사에 대한 스터디를 이어나갔다. 고객사 ㈜뷰티스킨은 화장품 관련 각종 원부자재를 OEM/ODM 방식으로 제조하여 글로벌 브랜드사에 공급하는 사업을 하고 있으며 10여 년간 시장 내에서 나름대로의 입지를 구축해 왔다.

하지만 중소/중견기업 대부분이 그렇듯이 시장의 패러다임이 바뀌는 변곡점에서 도약의 발판을 마련하지 못하면 향후 3년, 5년도 기대하기가 어려운 환경이 된 지 이미 오래다.

특히, 오늘날과 같이 빠른 기술 변화 속도에 뒤쳐지는 순간 회사의 경쟁력이 상위 그룹과 순식간에 벌어질 수 있다. 뷰티스킨의 경우 글로벌 기준의 제품 개발과 공급망 관리, 영업 조직 및 고객관리 시스템의 선진화가 회사 경쟁력의 근간임을 알고는 있지만 이를 어떻게 추진해 나아가야 할 지 난감해하고 있었다. 우린 이를 DT 추진을 통해 돌파구 마련을 제안했고, 난 1단계 후속 조치의 일환으로 고객사 진단을 하고자 고객사 본사 4층에 도착했다. 먼저 혁신그룹의 리더 황충식 부장과의 인터뷰가 시작되었다.

"다들 매출 하락의 책임을 영업 조직에 전가하려고 하지만 지금 우리 회사의 가장 큰 문제는 부서 이기주의가 만연한 데 따른 소통 부재에 있습니다. 특히, 연구개발 인력과 영업의 갈등은 어제 오늘 일이 아니죠. 고객 클레임이 한번 발생하면 서로가 일을 떠넘기기에 바쁩니다. 가뜩이나 밑에서 치고 올라오는 신생 기업들의 기세가 만만치 않은데 이러다가 고객 다 잃을까 걱정입니다. 그래서 제가 드리고 싶은 말씀은 시스템 개선도 개선이지만 먼저 교육을 통해 고객 중심의 소통 문화를 제고했으면 좋겠습니다."

"부서 이기주의라고 말씀하셨는데요. 구체적으로 말씀해 주시겠어요?"

"유관 부서가 자기 일만 하면 된다는 의식인데 한마디로 선을 긋는 거죠. '내 업무는 딱 여기까지야. 그러니까 건드리지마.' 이런 식으로요. 한번은 영업에서 제품 불량 건을 공장에 접수시켰는데 처리가 너무 늦어지니 영업에서 빠른 조치와 피드백을 공장에 요청했습니다. 절차적으로는 공장에서 처리 후 직접 고객에게 인도를 해주게 되어 있다 보니 영업에게는 피드백 자체를 해줄 생각을 못했던 거고 그 와중에 당연히 고객은 영업을 닦달하고…. 결국 제일 불만인 건 고객이 되어버린 것이죠. 이런 식이 매번 반복되다 보니 부서 간의 골이 깊어져 업무 진행이 잘 안 되는 부분도 많습니다."

"부서 간 화합을 위한 워크숍이나 회식 같은 건 안 하시나 보죠?"

"아뇨, 종종 하죠. 그런데도 그때뿐입니다."

나는 이런 식으로 며칠에 걸쳐 고객사 내 주요 부서별 책임자와 담당자들을 대상으로 인터뷰를 진행했고 DT DF팀 발족식을 위한 준비 작업을 황 부장과 함께 진행하기로 합의했다. 남은 일은 인터뷰 자료를 정리해서 셀 리더에게 보고하면 1차적인 나의 업무는 종료된다. 낯선 고객, 낯선 업무치고는 비교적 잘 해낸 것 같아 스스로 기특한 마음마저 들었다. 오늘은 퇴근 후 집에 들어가는 길에 아내를 위한 작은 선물을 사가기로 했다. 아내가 다니는 학교에서 성적 우수자로 선정되어 장학금을 받게 되었기 때문이다.

"여보, 고맙고 축하해. 과락만 면하라고 했더니 오기가 발동한 거야? 장학금까지 받아오고… 내 어깨가 한결 가벼워지는 기분인 걸. 하하하!"

"다 당신 덕분이지 뭐. 당신이 회사 잘 참고 다녀줘서 너무 고맙고 싸랑해요. 근데 요즘 당신 회사 아직도 시험 봐? 어떻게 회사 바뀌고 더 열심히 공부하는 것 같아."

새로운 고객과의 첫 만남을 앞두고 매일 저녁 한편의 모노드라마를 찍듯 혼자서 미팅 시뮬레이션을 하고, 교육받을 때 빼곡히 적어 놓은 노트를 펴놓고 하루도 빠짐없이 공부하는 나의 모습을 보며 아내는 이제 완전히 다른 사람이 된 것 같다고 했다.

'혹시 나도 최 대표나 수잔 백 프로처럼 일로부터 삶의 가치를 조금씩 발견해가고 있는 것은 아닐까?'

전략을 쪼개다

최 대표는 평소 미래 기업 내에서 생존하는 영역을 다음의 세 가지 그룹으로 나누어 전망했다.

1. AI 오퍼레이터(소수 인원의 구매 영향력자 그룹들)
2. AI를 도구로 기업을 운영하는 기업 전략가

3. AI와 더불어 고객접점에서 고객 가치를 실현하는 전략 영업 마케터

요약하면, 대부분의 미래 기업은 아웃소싱으로 운영되며 기업의 이익을 만들어내는 최적의 기능으로만 추려보면 결국 AI, 플랫폼, 전략 이 세 가지만 남게 되고, 유일하게 인간 고유의 기능이 살아 숨 쉬는 영역은 전략뿐이라고 했다. 이 중 세 번째에 해당하는 전략 영업 마케터는 플랫폼을 기반으로 하는 B2C 거래를 포괄하는 개념으로, 그 중에서도 개별 고객을 비플랫폼 상태에서 거래하는 B2B 전략적 판매 전문가는 인공지능 시대 속에도 살아남을 수 있는 전도유망한 전문직이라고 내다봤다. 그 이유는 첫째, 판매 전략의 근간이 되는 고객 데이터 흔적을 B2B 고객이 알아서 공급사의 플랫폼 내에 남겨주지 않고 둘째, 그로 인해 고객 데이터의 검토에서 재평가까지 모든 과정 하나하나를 판매 전문가들이 직접 수집해야 하는 휴먼human 컨텍contact의 과정을 거쳐야 하기 때문이다.

최고수 대표

"이제 회사로 돌아가시면 잘 정비된 클라우드 기반의 영업 자동화 솔루션인 SFA(Sales Force Automation)가 여러분들을 기다리고 있을 것입니다. 결국, SFA가 실효적인 기능을 하기 위해선 일선 판매 전문가들의 포지션 작업이 얼마만큼 정교한가에 달려 있습니다."

최 대표가 말한 포지션^{position}은 최 대표의 전략적 판매 교육에서 가장 빈번하게 등장하는 용어이다. 보통은 마케팅에서 쓰이는 포지셔닝^{positioning}과 비교되는데 판매에서의 포지션은 개별 고객에 대해 정교하고 치밀한 영업 활동들을 요구한다. 개념을 돕자면 '작은 포지션들의 합'이 전략이고, '전략을 잘게 쪼갠 각각의 작은 전략'들을 포지션으로 이해하면 좋다. 판매에서 전략이 아닌 포지션이라는 용어를 주로 쓰는 배경에는 전략이 시장과 경쟁사 환경을 포괄한 다소 정적인 느낌을 주는 반면 포지션은 개별 고객의 판매 단계별 목표 달성의 가시화에 초점을 둔 동적인 측면이 강하기 때문이다. 그만큼 포지션은 고객사 내부의 변화를 세심하고도 역동적으로 파악하는 전략의 다른 이름이라고 볼 수 있다(영화 필름 하나하나가 모여 영상을 이룬다는 개념과 비슷하다).

최고수 대표

"전략적 판매에서 기억해야 할 것은 모든 과정들이 한 번에 이루어지지 않는다는 점입니다. 잊지 마세요. 우리의 거래는 서두르면 실패합니다. 우리의 판매 여정은 안개 길을 헤치고 목적지를 향해 조심스럽게 운전해 나아가는 것과 같습니다. 설령 안개가 걷히고 날씨가 맑아졌다고 해서 방심해서도 안 됩니다. 목표 지점에 다다를 때까지 절대로 긴장을 늦추어선 안 됩니다."

전략적 판매의 고수가 된 박태출

이처럼 보기에 따라서는 지나치게 조심스러운 전략적 판매에서는 고객사 내부에서 벌어지고 있는 다양한 변화에 대해 다음과 같은 단계적인 접근을 중요시한다. 그것은 1단계, 고객사와 구체적인 판매 목표와 관련된 현재의 포지션을 분석한다. 2단계, 여러 대체 포지션들을 꼼꼼히 생각한다. 3단계, 가장 우수한 대체 포지션을 결정하고 판매 목표를 달성할 수 있는 자신만의 실행 계획을 작성한다. 4단계, 실행 계획대로 수행한다. 이 단계적인 접근들은 '전략적 판매를 위한 4단계 접근법'이라고 불리며 다양한 유형의 거래에 동일하게 적용된다. 예를 들어, 한 번도 거래한 적이 없는 신규 고객과의 첫 거래, 한창 진행 중인 기존 고객과의 거래, 현재 고객사의 다른 계열사나 사업부에 제안하고자 하는 미래의 거래, 경쟁자의 텃밭을 윈백^{winback} _{고객사에서 사용중인 경쟁사의 장비나 솔루션을 자사 제품으로 교체하는 것}하고자 하는 거래 등 거의 모든 판매 상황을 포함한다. 며칠 후 김용철 매니저는 뷰티스킨의 전략 수립과 관련해 셀 미팅을 주재했다.

"박 프로께서 지난 2주일 동안 수고해준 결과로 데이터 취합이 모두 끝났습니다. 그럼 이제부터 뷰티스킨의 단일 판매 목표들을 설정하고 포지션을 검증해보는 시간을 갖도록 하겠습니다. 현재 파악된 데이터를 종합적으로 분석해본 결과 현재 고객사는 전사적 소통의 부재로 인한 생산성 저하라는 문제에 직면해 있습니다. 이 중 우리가 당장 할 수 있는 것들을 위주로 분류하면 다음과 같습니다. 첫째는, 부서별로 다양한 서식과 계산값이 설정된 엑셀 파일들을 쓰고 있어서 분석 상에 어려움이 있습니다. 둘째, 이렇듯 분산 저장된 자료들이 사일로^{silo}_{곡식 사료를 저장해 두는 창고의 의미인}

데 여기서는 폐쇄적으로 공유가 안 되는 의미로 쓰임화 되어 있어 필요한 정보를 제 때에 활용할 수가 없습니다. 마지막으로 고객의 일정과 관련된 공통 업무의 일정을 메일이나 메신저로만 확인할 수 있어 업무상 누락이 생길 경우 지나칠 우려가 있습니다. 각각에 대해 모두 현재 수준에서 단일 판매 목표를 설정해 주시고 견적가를 SFA상에 입력해 주시기 바랍니다. 그럼 다음으로 이번 프로젝트에 대해 각자의 의견을 말해주세요."

"일단은 시스템 확장을 위한 스마트 플랫폼 구축이 필요해 보입니다. 구체적으로는 데이터 통합이 시급해 보이고 실시간으로 부서 간 공유되는 보고서에 대해 의견을 제시하고 수정할 수 있는 기능을 넣으면 좋을 것 같습니다."

"고객 클레임 처리와 관련해서는 초기 화면에 스마트 캘린더 대시보드와 알람 설정을 추가해서 부서 간 업무 누락과 지연을 방지하는 게 필요해 보입니다."

셀 동료들의 다양한 의견들이 나오는 가운데 나도 한마디 거들었다.

"전사적으로 겪고 있는 소통 부재와 관련해서 고객 중심 마인드를 제고할 수 있는 특강을 진행했으면 좋겠습니다. 우선은 부서장들을 대상으로 DT TF 발족식날 두 번째 세션 정도로 하면 좋을 것 같습니다. 강사로는 S&S사의 최고수 대표를 추천합니다."

"좋은 의견입니다. 박 프로께서는 특강 준비를 위해 최 대표와 협의해 주시고 나머지 분들은 TF팀 구성 시 비대면으로 소통할 수 있는 애플리케이션 세팅 준비해 주세요. 전체적으로 단일 판매 목표가 세 개가 설정되었습니다. **TF팀** 구성이 완료되면 다 같이 고객사 방문해서 인사 나누고 판매 목표별로 시스템 설계를 위한 초안 작업을 시작하도록 합시다."

이 회의에서 가장 인상 깊었던 장면은 하나의 고객사에 대해 여러 단일 판매 목표를 개별적으로 설정하고 설정된 각각의 단일 판매 목표로부터 파생된 견적 하나하나를 개발 항목으로 정의하는 것이었다. 일반적으로 고객사 하나에 프로젝트 하나를 통으로 보고 접근하는 것과는 아주 다른 접근법이다. 그리고 업무가 진행되는 동안 **SFA**상에서는 역할별로 더 나은 고객 제안을 위한 대체 포지션들이 지속적으로 업데이트 되었다. 이를 통해서 판매 전략이라는 것이 고정화되지 않고 역동적으로 쪼개지면서 변한다는 개념의 포지션을 제대로 이해할 수 있었다. 순간 최 대표의 메시지가 떠올랐다.

최고수 대표

"단일 판매 목표는 최대한 정밀하게 기술되어야 합니다. 정밀하다는 것은 고객사에게 제공하려는 것이 정확하게 무엇인지, 언제 어떤 구매 라인에 의해 최종 승인이 날 것으로 예측하는지, 견적 수량과 금액은 얼마나 될지 등을 목표값 항목에 지속적으로 반영하는 걸 말합니다."

이렇게 정밀함을 요구하는 데는 그만한 이유가 있었다.

최고수 대표

"대부분의 영업 대표들은 둘 이상의 단일 판매 목표들을 묶어서 일률적으로 처리하려고 합니다. 작은 규모의 단기간 거래에서는 큰 문제가 안 될지 모르지만 우리의 비즈니스에서는 그렇지 않습니다. 밀접하게 연관된 것 같은 한두 가지 목표일지라도 전혀 다른 사람이 의사 결정자가 지정될 수 있기 때문입니다. 적어도 개별 판매 목표에 관여된 구매 영향력자 단 한 사람에 의해서도 판매가 좌초될 수 있음을 알아야 합니다. 잊지 마세요. 전략적 판매에서 '모든 판매는 각각 다 고유하다'는 것을요."

보이는 자, 보이지 않는 자

"SaaS를 통한 DT가 경쟁사 환경에는 맞을지 모르겠지만 저희 회사하고는 안 맞는 것 같습니다. 일단, 분류해야 할 데이터의 양 자체도 너무 많고 특히, 보안 문제가 심히 우려됩니다."

"초기 구축 비용이 덜 들지는 몰라도 연간으로 컨설팅 피fee를 지불해야 한다면 수년 내에 배보다 배꼽이 더 커지는 것 아닙니까?"

순조로울 것만 같았던 뷰티스킨의 TF팀 구축에 제동이 걸렸다. 고객사 내부적으로 우리가 제안한 DT 프로젝트에 대해 저항 세력이 등장한 것이다. 혁신그룹의 황충식 부장은 긴급하게 Q&A 형식의 토론회를 열자는 요청을 해왔다. 전사 임원진을 포함 주요 부서별 리더와 핵심 담당자 30여 명 앞에서 본 프로젝트의 당위성을 좀 더 확실하게 어필할 필요가 있다는 이유에서였다. 이에 김용철 매니저는 흔쾌히 수락했고 우리 셀 동료 모두가 출격했다.

"저희가 가장 역점을 두는 부분이 우려하시는 보안입니다. 기본적으로 저희는 클라우드 사업자로서 7단계에서 9단계 수준의 강력한 보안 정책을 가동합니다. 서비스 수준 협약(SLA:Service-Level Agreement)에 의거 보안 인증을 받는 것은 기본이고요. 또한 혹시 모를 사고에 대비해 클라우드 데이터 센터의 관리자들을 수시로 교체하기 때문에 크게 염려를 안 하셔도 됩니다. 비용 측면에서도 연간 유지보수 형태가 가진 불합리성을 개선해 일정 기간, 시간 단위의 계약을 하고 사안이 발생하는 경우 양사가 사전에 합의한 총 구매 시간에서 차감을 하는 방식으로 하기 때문에 기존의 온프레미스on-premise기업의 서버를 자체적으로 보유한 전산실 서버에 직접 설치해 운영하는 방식을 의미(클라우드 방식의 반대) 방식과는 비교할 수 없을 정도로 비용절감 효과를 보시게 됩니다."

김용철 매니저는 어떠한 질문에도 당황하지 않고 능수능란하게 답변을 이어갔다. 토론회를 마친 후 우리 모두는 사장님으로부터 점심 초대까지 받았다. 그만큼 이번 프로젝트에 대한 사장님의 관심이 크다는 것을 알 수 있었다.

"오늘 토론회는 아주 훌륭했어요. 우리도 계속해서 DT 혁신의 필요성

은 느끼고는 있었는데 사실 엄두가 잘 나지 않았어요. 그래도 오늘 여러분들 덕분에 직원들이 깨달은 바가 있을 겁니다.

　아 그리고 김 매니저님, 노파심에서 말씀드리는데 너무 처음부터 세게 나가려고만 하면 직원들 체합니다. 혁신도 좋지만 속도 조절에 신경을 써

주세요. 자, 듭시다."

　김용철 매니저는 약 3년 전 뷰티스킨의 경쟁사를 성공적으로 컨설팅한 경험을 살려 동종업계 내에 많은 기업들을 프로스펙팅prospecting해 오던 중 뷰티스킨에 주목했다. 그리고 적절한 시기가 왔다고 판단되었을 때 제안서를 보내게 되었고 이것이 채택되어 사장을 포함 임원진 앞에서 이미 한 차례 DT 관련 짧은 브리핑을 한 바가 있었다. 그때부터 황충식 부장과는 실무적으로 긴밀하게 관계를 구축해 왔고 최종 계약을 앞둔 상태에서 TF팀 구성에 관한 논의를 진행하던 중 이번 토론회 자리가 예상치 못하게 열린 것이다. 우리는 사무실로 돌아와 대책회의를 이어갔다.

　"오늘 있었던 토론회는 어쩌면 우리의 프로젝트를 장기적으로 끌고 나갈 수 있게 할지도 모르는 행운의 시간들이었습니다. 결정적으로 그동안 보이지 않았던 저항 세력들이 누구인지 알게 되었기 때문이죠. 그런 면에서 이번 프로젝트, 느낌이 아주 좋아요. 연구팀의 유 대리와 공장장인 홍 이사는 특별 관리대상으로 우리에 대해 아주 부정적인 견해를 갖고 있는 걸 여러분도 보셨을 겁니다. 두 분은 앞으로 제품과 솔루션 관련된 국내외 자료를 요약해서 이들에게 수시로 보내주시고요. 적어도 보름에 한 번씩은 공장으로 직접 내려가 이 분들과 계속 접촉하도록 합시다. 그리고 나와 박 프로는 오늘 점심때 새롭게 인사한 두 명의 임원진들을 집중 마크합시다. 특히, 이들 중 현재 마케팅 총괄을 맡고 있는 노 전무는 창업주의 차남입니다. 나이는 어리지만 사실상 회사의 실세라고 봐야겠죠. 황 부장은 평소 노 전무를 잘 살피라고 노티스notice를 주더군요."

"어쩐지 전무치고는 어려 보인다고 생각했어요."

"그런 면에서 항상 강조하지만 명함에 있는 직급에 연연하지 말고 그들의 실제 역할과 영향력을 파악하는 게 중요합니다. 그리고 연구팀 실무자들 중 빅마우스bigmouth에 해당하는 보이지 않는 훼방꾼들이 있는지도 파악해 봅시다. 분명 오늘 발언을 안 한 사람들 중에 있을 겁니다."

이 훼방꾼들은 기술적인 전문성을 가지고 있으면서도 잘 드러나지 않거나 위장하는 사람들에 해당하는데 이들이 위협적인 이유는 공급사 선정에 있어서 권한은 없지만 언제든지 반대할 수 있는 영향력을 가지고 있기 때문에 이들에 대한 관리가 필수다.

최고수 대표

"고객사 내부에서 공급사에 대해 가장 부정적인 그룹을 일컬어 기술 구매자라고 합니다. 단, 여기서 말하는 기술 구매자를 기술(technology)의 의미로만 한정해서 보면 안 되고 기술적 전문성(technicality)으로 확장해서 이해해야 합니다. 즉, 기술적 전문성에 기반해 측정과 계량이 가능한 방법으로 심사하는 모든 전문가를 말하는데요. 예를 들면 제품에 대해서는 잘 몰라도 각각의 법률이나 회계의 전문성으로도 해당 거래를 막을 수 있는 영향력을 발휘하는 사람들을 의미합니다."

이러한 일들은 빠르게 변해가면서 높은 기술력을 요하는 제품 분야에

전략적 판매의 고수가 된 박태출

주로 해당하는데 다음의 사례에서도 시사점을 얻을 수가 있다.

모기업의 영업 대표는 엔지니어들이 설립하여 운영하는 회사에 대량의 ICT 시스템 공급 승인을 받기 위해 최고위층 접촉에만 열을 올렸다.

그런데 실제 평가 위원회에서 가장 큰 영향력을 발휘한 사람은 다름 아닌 대리 직급의 직원이었던 것이다. 관할하는 사업부 부사장이 특정 심사 분야에 있어서만큼은 해당 분야에서 전문성을 지닌 직원에게 권한을 위임한 것이다. 판매에서 '별로 중요해 보이지 않던' 이 대리 직급의 직원이 실제적으로는 부사장의 권한을 행사하는 승인권자였던 것이고 결과는 승인을 받을 수 없었다.

따라서 이러한 일이 없도록 판매 프로세스상에서 수시로 포지션을 조정하는 기능들이 가동되어야만 한다. 그렇지 않을 경우 이 기술 구매자처럼 다 된 밥에 코를 빠뜨릴 수 있기 때문이다.

며칠 후 김용철 매니저는 자신과 함께 뷰티스킨으로 가자고 했다. 계약서 작업을 마무리하기 위함이었다.

그러고 보니 우리의 일은 크게 보면 두 번의 계약이 이루어지는 구조였다. 하나는 컨설팅을 위한 계약 또 하나는 시스템 개발을 위한 계약이다. 일정대로라면 이틀 전에 디지털 계약서로 마무리할 수 있었는데 이상한 레드 신호를 감지했다는 것이다. 김 매니저는 직접 사장을 만나 중간보고 형식을 통해 계약 작업을 마무리할 심산이었다. 이것은 영업 대표가 판매 흐름을 모니터링 해가는 과정에서 느껴지는 일종의 촉이기도 한데 이 타이밍을 놓쳐서는 안 되겠다는 생각이 들었다고 했다. 가는 차 안에서 김용철 매니저가 힘주어 말했다.

"우리 일은 가장 중요한 게 최고 승인권자의 의지가 제일 중요합니다. 뷰티스킨은 겉으로 보기에는 상명하복의 조직 같지만 실상은 권한이 사업부별로 분산된 형태를 띠고 있어서 확실하게 역할 부여가 되지 않을 경우 프로젝트가 하늘에 붕 뜰 수가 있어요. 거기에 월급쟁이 사장이다 보니 몸을 사리는 측면이 없지 않아 있습니다. 즉, 누군가가 나서서 TF팀 선정에서부터 계약에 이르기까지 책임을 지고 이끌어주길 바라는데 아무도 선뜻 나서질 않아 답답해하는 게 느껴집니다."

"아니 그걸… 그래서 어떻게 하시려고요?"

"우리가 하는 일이 뭐예요? 위임받은 CDO(Chief Digital Officer) 아닙니까? 숙제를 부여하고 계약서에 도장 찍게 해야죠. 안 그러면 프로젝트 결정 유보하고 어느 순간 없었던 일 되어버리는 건 시간문제예요."

김용철 매니저의 지금 모습은 흡사 먹잇감을 놓치지 않으려는 매의 모습과도 같이 냉철했다. 이 프로젝트를 위해 무려 3년 가까이 작업을 해왔지만 지금은 단 며칠도 기다릴 수 없다는 강렬한 의지를 내보이는 것이다. 그의 판단은 옳았다. 사장을 포함 핵심 임원들이 있는 앞에서 김용철 매니저는 긴급히 준비한 자료를 브리핑했고, 마침내 1차 계약서에 서명을 받아냈다.

"전략적 판매에서 승부처는 무엇일까요? 어려운 말 다 빼고 말하면 최대한 고객사 내에 있는 많은 구매 영향력자들을 내편으로 만드는 것입니다. 그리고 늘 강조했죠? 훌륭한 판매는 검증된 판매 프로세스와 더불어 냉철한 현실 직시에서 오는 직감에도 귀를 기울어야 한다고요. 보이는 것보다 보이지 않는 것들에 더 주의하세요."

레드카드를 제거하라

우리들은 1주일에 한두 차례씩 뷰티스킨의 TF팀 구성원들과 만나 여러 가지 의제들을 논의했다. 또한 과제의 실행과 진단이 빠르게 이루어지면서 고객사 내에 불필요한 데이터들을 분류하고 스마트 데이터 시스템 구축을 위한 클라우드 기반의 다양한 프로그램 테스트들도 예정대로 진행되었다. 그런데 이 과정에서 늘 마주치게 되는 문제가 있다. 바로 시간과 비용에 관한 것이다. 여느 중소기업들이 그렇듯 인력을 운영하는 데 있어서 현업의 일들을 배제한 채 미래의 일에만 온전히 헌신해줄 것을 기대하는 것은 현실적으로 무리다. 피하고 싶지만 마치 수순처럼 시간과 비용의 규모를 조정해줄 것을 요청해온다.

그렇다고 목표로 했던 결과물 - 보통은 우리도 '저 기업 정도의 수준은 맞춰주세요' 하는 식의 - 까지 줄여 달라고 하는 경우는 드물다. 뷰티스킨도 예외는 아니었다. 그런데 유독 다른 점은 비용보다도 일정을 최대한 빨리 마무리해 달라는 것이었다. 황충식 부장은 이런 요청을 메일을 통해 긴급히 알려왔다. 이런 경우를 당할 때마다 당혹스럽고 난감하다는 심정을 김용철 매니저는 숨기지 않았다.

"대체적으로 이런 경우는 몇 가지 패턴을 가지고 있는데 가장 큰 경우는 CEO 리스크예요. 직접 사장을 만나봐야 할 것 같은데 계속해서 피하는 눈치네요. 황 부장도 외부에서 들어온 인력이라 회사 깊숙한 사정까지는 잘 모른다고 봐야 해요. 박 프로가 직접 가서 센싱sensing을 좀 해봐요. 난 어떻게든 사장에게 연락을 취해볼 테니…. 크로스 체크를 합시다."

김용철 매니저는 이상 신호에 대해 레드카드를 발동하고 용의주도하게 불확실한 부분들을 조사해 나갔다. 나는 뷰티스킨 내에 인사부장을 만나보기로 했다. 직접적으로 묻기보다는 진행되는 TF팀의 활동들을 공유한다는 느낌을 주면서 가볍게 접촉을 시도해 보았다.

"시간 내주셔서 감사합니다. 지금까지 저희가 진단한 내용을 정리해 보았습니다."

리포트한 내용을 출력해서 간단한 브리핑까지 마치니 인사부장이 흡족해하는 표정이었다. 기대치 않았는데 막상 찾아와 자신에게 보고해준 것에 대해 고마워하는 느낌을 받았다.

"이렇게 직접 브리핑을 받아보니 TF팀의 활동 사항들이 눈에 더 잘 들어오네요. 궁금했던 점들이 있었는데 그런 것들도 풀리고요. 디지털 전환

전략적 판매의 고수가 된 박태출

이 단순히 시스템의 구축에만 머무르면 안 되겠다는 생각이 듭니다. 지속적으로 임직원들의 변화 관리가 병행되지 않으면 최악의 경우 비용만 낭비하는 꼴이 될 수도 있겠다는 위기의식마저 드네요."

"정확하게 지적하셨습니다. DT를 하면서 가장 바른 순서는 '어떻게'가 아닌 '왜'로부터 출발함이 참으로 중요한 것 같습니다. DT를 했음에도 그 효과를 제대로 누리지 못하는 기업들을 보면 단순히 '경쟁사가 하니까', '지금 트렌드니까' 라는 이유들이 대부분을 차지하거든요. 그래서 저희는 왜 DT가 우리에게 필요한가에 대한 근본적인 질문을 던지는 데 역점을 둡니다. 그래야만 시스템 하나 후딱 갈아치우는 걸 DT로 오해하지 않고 제대로 된 DT문화를 구축할 수 있으니까요."

"이해가 갑니다. 그래서 항상 디지털 전환에 '여정'(Journey)이라는 문구를 쓰시는군요."

얼추 대화가 끝나갈 무렵이라고 느껴지는 순간 인사부장은 마치 선물을 받은 것에 답례를 하듯 작은 소리로 내게 말을 건넸다.

"조만간 TF팀에 변화가 있을 것 같습니다."

사무실로 돌아오면서 김용철 매니저에게 신속하게 전화를 걸었다.

"매니저님, 중국 지사에 있는 부사장이 조만간 한국 본사로 들어온답니다. 지금 사장이 계속 그 자리에 있을지 의문이 드네요."

"그럼 앞뒤가 맞아 들어가네요. 내가 파악해보니 그 부사장이 차기 사장으로 내정된 창업주의 장남이에요. 확인해봐야 알겠지만 지금 사장은 빨리 가시적인 성과물을 만들고 싶었던 것 같아요. 자기 자리에 위기의식을 느낀 거죠. 아무래도 부사장 접촉을 서둘러야겠어요."

김용철 매니저는 판매 프로세스상에서 심대해 보이는 변화가 감지되면 경고와 위험을 나타내는 레드카드를 발동했다. 레드카드가 발동되었다는 의미는 SFA상에 기록을 남겨 레드카드가 제거될 때까지 대책을 강구하겠다는 자율적이면서도 주도적인 조치이다. 그리고 SFA상에 올라온 레드카드의 내용을 열람한 사람들 중 누구든 도움을 줄 수 있다면 자신이 보유한 정보나 네트워크 등을 지원해줄 수 있으며 기여도에 따라 평점까지 부여된다. 나는 이러한 시스템이 TOS 영업 조직의 진정한 힘이라는 것을 알게 되었다.

최고수 대표

"전략적 판매에서 가장 위험한 상황은 정보의 부족이 아닌 정보의 불확실성에 있습니다. 아예 정보 자체에 대해 모르면 처음부터 정확한 정보를 찾아 조치를 취할 수 있지만 불확실한 정보에 의지할 경우 진짜로 알아야 할 것을 놓치게 되어 판매에 악영향을 끼치게 되기 때문입니다."

최 대표는 이른바 판매 상황을 불확실하게 만드는 모든 요소들을 판매 프로세스상의 복병들이라고 간주했는데 그 중에서도 대대적인 조직 개편이 아닌 은밀하고 부분적인 조직 개편으로 인해 접촉해야 할 인물을 놓친다든지, 역할과 직위가 같은 인물임에도 권한이 바뀐 것을 미처 파악하지 못해 헤매는 경우들에는 '미묘한 복병들'이라는 표현을 썼다. 결국, 김용철 매니저는 우리 회사의 중국 지사장인 오병석 전무에게 도움을 청했다.

"회사 규모나 위치로 볼 때 전무님이 뷰티스킨의 부사장급과 동등한 지위에 해당하십니다. 저와 함께 가시죠. 그쪽 노 부사장과 약속을 잡고 제가 다시 연락을 드리겠습니다."

"알겠네. 조심히 오게."

"박 프로는 여기 일을 맡아주세요. 내가 직접 노 부사장을 만나고 돌아오겠습니다."

김용철 매니저는 이른바 동등 지위 전략을 통해 레드카드 제거 전략을 펼쳤다. 같은 직위의 사람들끼리 만났을 때 라포rapport가 잘 형성되는 지렛대 원리를 이용해 예상되는 핵심 구매 영향력자와의 관계 구축을 세우는 전략을 구사한 것이다. 며칠 후 김용철 매니저는 중국으로 출장을 떠났다. 즉각적이고 빠른 레드카드 제거 조치들을 취해 나가는 그의 모습에서 전략적 판매 전문가다운 포스가 한껏 묻어났다. 나 역시 그의 행동을 본받아 다시 한 번 판매 프로세스를 점검해 보기로 했다. 현재 수준에서 개선해야 할 포지션에는 무엇이 있는지, 제거해야 할 레드카드 상황은 없는지, 우리가 활용할 수 있는 지렛대에는 어떤 것들이 있는지 다각적으로 세세하게 검토했다. 그 결과 소통 문제와 관련된 레드카드 상황이 발견되었다. 그것은 일전에 황충식 부장이 요청한 바 있는 뷰티스킨 내부의 고객 대응과 관련한 공장과 영업 간 소통 단절의 문제였다.

그래서 당시 최 대표에게 '고객 중심 마인드' 향상에 관한 교육을 의뢰했었는데 TF팀 구성이 연기되면서 무산되었다. 이렇듯 레드카드 상황에는 고객마저 잊고 있었던 문제들을 찾아 대응하는 일까지 포함했다. 왜냐하면 이 모든 것들이 지렛대로 활용되어 현재의 판매 포지션들을 향상시켜 주기 때문이다. 그런데 이번에는 최 대표의 일정 문제로 내가 직접 출격하기로 했다. 공장 인력과 영업 인력을 합쳐 약 50여 명 앞에서 강의를 하게 된 것이다.

"지금부터는 기술 중심 사고와 고객 경험 중심 사고의 차이에 대한 사례를 들어보겠습니다. 120년의 역사를 자랑하는 질레트는 2010년 이후 자신들의 기술력을 과신한 나머지 2중 면도날에서 6중 면도날까지 개발하여 시장에 출시하게 됩니다. 그들의 생각은 이러했죠. '면도날 수를 늘리는 우리만의 기술을 이용해 수염이 더 잘 깎이게 하면 매출의 몇 배는 늘어날 거야.' 하지만 결과는 정 반대로 나타났습니다. 2010년도 기준 미국 내 시장 점유율이 71%에 달했던 질레트는 2018년 47%까지 곤두박질치게 됩니다.

반면 2015년부터 면도기 시장에 등장한 스타트업 DSC는 질레트와는 전혀 다른 전략을 펼치게 됩니다.

즉, 고객 경험 중심의 사고로부터 다음과 같은 질문을 던진 것이죠. '왜 매번 면도날을 사야만 하지?', '대체 비싼 5중, 6중 면도날이 왜 필요한 거야?' 이러한 질문은 고객에게 꼭 필요한 적정 가격과 품질을 갖춘 정기 배송 서비스라는 솔루션을 탄생하게 합니다. 결과는 어떻게 되었을까요? 시장에 진입한 지 단 3년 만에 DSC는 시장 점유율을 1%에서 8.5%까지 끌어올리는 성과를 낳게 됩니다. 특히, DT의 기반이라고 할 수 있는 온라인 시장 점유율만 놓고 보면 질레트의 20%를 훨씬 뛰어넘는 50%의 시장을 점유하는 놀라운 성과를 이끌어 냅니다. 이를 두고 올리비아 투비아 컬럼비아 경영 대학원 교수는 이렇게 말했습니다. '질레트는 기술자 경험을 추구했고 DSC는 고객 경험을 추구했다. 고객은 간편하고 간소한 제품을 원하는데 질레트는 자신의 기술에 심취해 있었다'고 말이죠. 이 사례에서 주는 교훈이 무엇일까요? 다름 아닌 성공 DT의 전제 조건 첫 번째는 모든 임직원들이 기술과 시스템이 아닌 고객 경험 중심의 사고로 먼저 무장되어 있어야만 한다는 걸 말해주는 것입니다."

오래 전 사내 강사를 했던 실력이 되살아난 걸까? 강의가 끝나고 박수가 제법 흘러나왔다. 황충식 부장은 맨 뒷자리에서 내게 엄지 척 사인까지 보내주었다. 레드카드가 제거된 것이다.

인식이 중요해

"사람들은 변화에 저항하는 것이 아니라 자신이 변화되는 것에 저항합니다. 겉으로 보기엔 모두가 변화를 받아들이는 것처럼 보이지만 실제로는 그렇지가 않다는 것이죠. 이때 유심히 봐야 할 것이 있는데 바로 구매자들의 수용도입니다. 간단히 말해 같은 사안을 놓고도 각자가 다르게 해석하는 수준을 의미합니다. 놓치지 마세요. 전략적 판매에서는 이 부분이 정말 중요합니다."

어느덧 TF팀의 일정에도 마무리를 해야 할 시점이 점점 다가오고 있었다. 그런데도 시스템 개발을 위한 구체적인 사안들에 대해 조율이 안 되는 부분이 많았다. 우리 비즈니스의 경우 총 견적가를 산정하려면 세부 제안 항목들에 대해 합의가 먼저 이루어져야 하는데 부서별 승인권자들이 이런저런 이유로 결정을 미루고 있었기 때문이다. 난 최 대표의 말을 되새기면서 어디에 문제가 있는지를 원점에서부터 다시 파악하기로 했다. 그래서 각 부서별 리더들을 개별적으로 만나 속 깊은 이야기를 들어보기로 했다.

"이번 프로젝트가 잘 마무리되면 내년엔 혁신그룹 인원을 좀 더 보강해 달라고 할 예정입니다. 경쟁사보다 좀 더 과감한 제안을 해주세요."

"DT도 중요하지만 당장 고객사 생산 대응이 우리에겐 더 시급합니다. 지금 이 일들을 제쳐 놓고 과제에만 집중하기가 여간 어려운 게 아닙니다."

"저희 전산팀이 파악했을 때 DT로 성공한 회사들이 아직까지는 많지 않은 걸로 아는데요. 시기적으로 좀 이른 게 아닌가 싶습니다."

"이런 말씀드리기 좀 그렇지만 우리 영업은 지금 그 어느 때보다 잘하고 있다고 생각합니다. 오히려 개발과 생산이 따라오지 못해서 문제죠. DT를 한다고 해서 당장 매출이 늘어나는 것도 아닌데 왜 이렇게 급하게 진행하려는지 이해가 잘 안 갑니다."

이렇듯 부서별로 구매 수용도에는 뚜렷한 온도차가 있었다. 다들 각자의 입장에서 모든 사안을 바라보고 있었기 때문이다. 난 바로 김용철 매니저에게 이 사실을 보고했다.

"제 생각에 지금은 경영진들이 적극적으로 나서줘야 할 시점이 아닌가 싶습니다."

"수고 많았어요. 박 프로의 지적이 옳아요. 이번 중국 출장길에서도 느꼈지만 노 부사장은 지금의 사장을 탐탁지 않아 하는 눈치였어요. 상대적으로 젊고 패기가 넘치는 노 부사장은 좀 더 과감한 개혁이 필요하다는 걸 시종일관 강조하더군요."

"그럼 어떻게 하는 게 좋을까요?"

"장단기 처방이 있어요. 우리가 지금 시점에서 매출을 목적으로 단기적인 처방을 내려야 한다면 사장에게 워크숍을 제안해보는 것도 한 방법입니다. 컨셉은 우리가 멍석을 깔아주고 DT 변화 관리를 위해 경영진이 직접 나서게 하는 거죠. 또 하나는 박 프로가 인터뷰한 내용에서도 알 수 있듯이 뷰티스킨 내에는 DT 추진에 대해 부정적인 그룹들이 생각보다 많이 있어요. 대표적으로 영업과 전산팀입니다. 이들을 대상으로는 우리가 직접 개입하는 게 효과적이지 않아 보여요. 그래서 혁신그룹과 같이 우리에게 우호적인 사람들이 우리를 대신해 그들을 설득하도록 하면 좋겠어요. 단, 단점이 있다면 시간이 많이 걸리는 것이겠죠. 박 프로 생각은 어때요?"

"음… 제 생각엔 장기적인 처방이 우리 회사가 추구하는 방향과 맞다고는 생각합니다만 지금까지 투여한 인풋input만 놓고 보면 인건비도 안 나오는 구조입니다. 이렇게 시간이 지연되는 게 바람직한 건지 잘 모르겠습니다. 저는 워크숍을 제안하는 게 낫지 않을까 싶은데요."

"나도 박 프로의 의견에 상당부분 공감합니다. 하지만 이걸 생각해봐야 해요. 지금 중요한 건 고객의 인식입니다. 사실 우리가 제안한 것들은 아주 합리적인 수준이에요. 다른 프로젝트에 비해서도 제안한 견적가가 그리 높은 것도 아니고요. 가장 큰 문제는 회사 내부에 우리의 제안 자체를 위협으로 느끼고 있는 사람들이 너무 많다는 겁니다. 이런 경우 워크숍으로 강하게 밀어부치면 어쩔 수 없이 따라오기는 하겠지만 장기 거래에는 해가 된다는 거예요. 저는 적어도 이 회사와 최소 5년 이상은 가고 싶거든요."

"숨겨진 구매자의 복수를 두려워하시는 거군요? 그런데 이렇게 되면 저희들 실적 예상치가 많이 부러지는데…."

"하하! 그건 염려 말아요. 나중에 자세히 설명하겠지만 이미 기여 매출에서 박 프로는 이번 달 실적에 큰 문제가 없습니다. 우리 팀 파이프라인이 그렇게 가볍지만은 않아요. 그것보다도 이들의 왜곡된 인식을 바꾸는 게 급선무라는 생각이에요."

"그럼 워크숍은 자체적으로 하게 하고 우리는 힘을 써야 할 곳과 뺄 곳을 구분해서 포지션을 디벨롭develop시키면 되지 않나 싶은데요?"

"그래요, 다시 생각해보니 현재로서는 그게 제일 좋은 아이디어 같네요."

최고수 대표

"그리스 신화에 보면 왕에게 나쁜 소식을 전달했다는 이유로 왕에게 처형을 당한 이야기가 있습니다. 이를 판매 상황에 비유해보면 어떠한 이야기를 하더라도 나쁘게만 받아들이는 구매자의 시야를 돌리는 데에는 늘 위험이 따른다는 사실입니다. 이때 가장 좋은 전략은 일부러 전략을 쓰지 말고 상황이 무르익기를 기다리라는 것입니다. 그리고 구매자의 인식은 고정된 것이 아니기 때문에 설령 처음에 자신과 인식을 같이한 구매 영향력자라 할지라도 언제든 180도 바뀔 수 있음도 알아야 합니다. 그래서 아마추어는 자기가 좋아하거나 자기를 좋아하는 구매자에게만 초점을 맞추지만 프로는 자신과 인식을 공유한다는 이유 하나만으로 한 사람의 구매자에게만 초점을 맞추지 않는다고 하지요."

판매가 타이밍이라는 말은 확실히 맞다. 구매자의 인식이 좋지 않다는 것을 우리의 제안이 고객에게 탐탁지 않게 받아들여진 것으로만 오해하면 안 된다. 구매자의 인식은 그들의 상황에 따라 그리고 우선순위에 따라 얼마든지 입장이 바뀔 수 있기 때문이다. 다만 친절하게 겉으로 표현을 안 해줄 뿐이다. 결국, 고객사 내 우호적인 그룹을 통한 반대 세력 잠재우기 전략은 유효했다. 또 한 가지 빼놓을 수 없는 전략 중 하나는 DT가 가져올 편리함과 편익에 대해 말로 설득하기보단 가급적 TF팀 전원과 스마트한 협업 툴tool 속에서 체험하는 시간을 많이 가지려고 노력한 점이었다. 우리는 마치 게임회사에서 업데이트 버전을 고지하듯이 이들에게 유익하고 도움이 될 만한 최신 어플리케이션들을 틈나는 대로 선보였다.

그리고 구매 영향력자들이 직접 사용하면서 궁금한 사항을 물어올 때에만 적극적으로 대응했다. 이런 식으로 하니 고객은 뒷걸음질 치지 않았고, 당초 예정보다는 다소 늦어졌지만 마침내 개발 제안에 대한 전체적인 계약을 성공적으로 완료할 수 있었다. 기쁜 마음에 김용철 매니저가 한턱을 쏘겠다며 회사 근처 일식집으로 셀 동료 전원을 이끌었다. 그리고 축하주를 손수 따라주며 테이블 중앙으로 걸어갔다.

"자, 다같이 축하주를 듭시다. 놀라지 마십시오. 우리의 힘으로 당초 예상치보다 30%나 증액된 계약을 맺었습니다. 건배!"

"와우, 이제부터는 저희 개발과 디자인에서 한껏 실력을 발휘해 보겠습니다. 정말 자랑스럽습니다."

전략적 판매의 고수가 된 박태출

그야말로 놀라운 성과였다. 함성 소리가 온 방안에 울려 퍼지며 지난 3주간의 노고에 대해 서로가 서로를 격려했다. 어느새 나와 김용철 매니저는 나란히 붙어 앉게 되었다.

"이번에 박 프로의 공이 정말 컸습니다. 특히, 내가 없을 때 핵심 구매 영향력자들을 두루 만나면서 그들의 인식을 파악한 점이 아주 주효했어요."

"감사합니다. 저는 이번에 매니저님께 정말 많이 배웠습니다. 특히, 전격적으로 중국 출장을 단행하실 때의 추진력에 정말 감탄했습니다."

취기가 오른 김용철 매니저가 어깨동무를 하며 나의 빈 잔을 채워주었다.

"늦깎이로 이곳에 와서 많이 힘들었을 텐데 매순간 최선을 다해 임해주니 내가 더 고맙습니다. 박 프로, 우리 앞으로 더 잘해봅시다."

무슨 말이 필요하겠는가? 오늘밤 만취는 무죄다.

지속 가능한 판매의 비밀

이번 DT 프로젝트 계약을 전후해 뷰티스킨이 기대하는 회사의 성과와는 별도로 구매 영향력자들의 속내는 저마다 달랐다. 각각을 살펴보면 이번 프로젝트가 잘 마무리될 경우 회사 측에 혁신그룹 인원을 더 보강해 달라고 말할 것이라던 해당 부서장은 차기 승진에 대한 발판을 마련하고자 하는 분명한 자신만의 성취 요소가 있었다.

　반면 고객사 생산 대응에 시급함을 강조하던 생산팀의 부서장, DT 시기상조론을 펼쳤던 전산팀의 부서장, 다소 과하다 싶을 정도로 영업 조직의 생산성을 자부했던, 그래서 DT 시스템의 도입과 관련해 전반적으로 부정적인 견해를 피력한 영업팀의 부서장에겐 자신들만의 성취 요소가 없었다. 돌이켜보면 나는 이들의 성취 요소를 발굴하기 위해 최선을 다했다.

최고수 대표

"전략적 판매에는 이런 격언이 존재합니다. '회사에는 성과를 팔고 회사 내 사람들에게는 성취를 팔아라.' 성과가 고객이 기대하는 객관적인 공급사의 기여를 의미한다면 성취는 개별 구매 영향력자들의 개인적인 욕구를 의미합니다. 여기서 말하는 개인적인 욕구란 특정 프로젝트가 자신에게 가져다주는 특별한 가치나 혜택들을 말하는데요. 이것들을 찾아주는 역할이 바로 여러분이 해야 할 일이며 전략적 판매에서 가장 어려운 전문가 영역이기도 합니다."

"자, 여러분 지금부터가 진짜 시작입니다. 이번 프로젝트 한 번으로 끝낼 일이라면 이렇게까지 우리가 프로젝트에 공을 들일 필요가 있었을까요? 고삐를 늦추지 말고 계속해서 개별 고객 하나하나를 섬세하게 케어해 나갑시다."

뷰티스킨의 본격적인 시스템 개발을 앞두고 김용철 매니저의 당부 사항이 전달되었다. TOS의 영업 판매 철학 중 하나는 '계약 전보다 계약 이후에 더 많이 고객을 케어하라'이다. 일반적으로 고객은 계약 초기 때 가졌던 기대만큼 최종 결과물에서 만족을 느끼지 못하는 경우가 많다. 그 이유는 여러 가지가 있겠지만 개별 구매 영향력자들의 성취도 관리에 실패하기 때문이다. 그렇게 될 경우 당장은 프로젝트에서 이익은 얻겠지만 반복되고 추가되는 거래나 다른 계열사에게 적극 추천과 같은 장기 거래의 꿈은

물 건너가게 된다. 이를 방지하는 최선의 방법은 결국 개별 구매 영향력자 한 사람 한 사람과 보다 깊은 소통을 해나가는 것이다. 여기에는 그럴 만한 근거가 있다.

"구매자의 복수는 판매자가 구매 영향력자들의 개인적 욕구를 고려하지 않은 결과로 2차 판매 기회를 다른 경쟁자에게 빼앗기는 상태를 말합니다. 기업 거래에서는 이러한 일들이 흔하게 벌어지는데 작고 은밀하게 이루어지죠. 어떤 때에는 그 이유조차 알기가 어렵습니다. 이런 일들은 주로 판매자가 특정 부서나 사람에게만 집중한 결과로 나타나는데 상대적으로 자신들의 의견이 무시되거나 반영되지 않았다고 느끼는 사람들에 의한 방해공작이라고 보면 됩니다. 반대로 판매자의 희망고문도 있습니다. '내가 이렇게 잘해주면 언젠가는 내게 보답하겠지'라는 순진한 생각으로 퍼주기 판매에 임하다가 고객으로부터 배신을 당하는 경우입니다."

TOS 영업 조직에서는 전통적으로 이러한 불상사들이 발생되지 않도록 고객사와 개발자 간 킥오프 데이kick-off day를 개최한다. 양사 간 오해가 없도록 처음부터 프로젝트의 범위와 항목을 리뷰하고 수시로 발생되는 고객의 요구사항을 신속하게 처리하는 절차와 방법까지 소통하고 공유하는 시간들로 채워진다. 그리고 맨 마지막 순서로는 특제 소시지를 곁들인 수제 맥주파티를 즐기며 신뢰를 다지게 된다.

"마지막으로 박 프로가 한마디 하시죠."

"아, 그럴까요? 오늘 이렇게 귀한 시간에 함께해 주셔서 진심으로 감사의 말씀을 드립니다. 앞으로 저희는 약 3개월간 디지털 여정 한가운데로 여러분들을 안전하게 모시고자 합니다. …(중략)… 이 말씀만 드리겠습니다. 여러분의 성공이 곧 저희의 성공입니다. 자, 모두들 잔을 드시죠. 뷰티스킨의 위대한 DT 여정을 위하여!"

집으로 가는 길, 합승을 한 택시 안에서 김용철 매니저가 자신의 옛 경험담을 얘기해 주었다.

"예전에 그런 적이 있었어요. 공장 관리 소프트웨어 영업을 할 때였는데 지방에 있는 거래처 공장을 매주 찾아갔었죠.

결국 판매에는 성공을 했는데 나중에 구매자의 복수를 제대로 당한 겁니다. 담당 관리자는 우리 프로그램으로 인해 연간 업무 생산성을 30% 이상 높인 공로로 승진까지 했어요. 그런데 문제는 서서히 공장 근로자들의 수가 줄어들면서 남은 인력들이 오히려 힘들어지는 상황이 벌어진 거죠. 다행히 나중에는 다시 충원이 되긴 했지만 나는 그 이후로 그 회사에 발을 붙일 수가 없게 되었어요."

"그럼 그 승진한 분은 어떻게 되셨죠?"

"그분은 그 이듬해에 다른 회사로 스카우트되어 가버리셨죠. 그리고 당시 속으로 내게 저주를 퍼부었을 사원들이 이제는 어엿한 간부들이 되었는데 어떤 이유에선지 우리가 세팅한 소프트웨어마저도 다른 회사 걸로 바꿔버렸답니다."

"그때 당시에는 구매자의 복수를 예상하지 못했던 건가요?"

"알고는 있었어요. 하지만 당시에는 한 거래처에 공을 들이는 것보다 하나라도 더 많은 고객들을 발굴하는 것이 제 실적에 도움이 되었어요. 일단 고객사의 규모가 크지를 않았고 제품 단가도 비교적 저렴했기 때문에 효율이 나지 않았던 거죠. 그렇지만 우리가 하는 비즈니스는 확실히 달라요. 일단, 규모도 규모지만 애프터 세일^{after sale}에서 오는 영향력이 상당히 크기 때문이죠. 뷰티스킨의 경우 이번 프로젝트가 끝나면 또 다른 프로젝트가 연이어질 거예요. 왜 그럴까요?"

"혹시, 네트워크 효과 같은 걸 말하려는 건가요?"

"오, 이제 척하면 척이군요. 일단, 우리의 솔루션과 서비스는 네트워크 확장성이 대단히 좋아요. 즉, 다른 협력사들과 연결해서 쓰면 쓸수록 업무 효율이 배가되는 것은 물론 시스템 자체가 커다란 홍보 수단의 기능까지 담당하기 때문에 고객사나 우리에게나 매출 확장에 실제적인 도움을 주게 되죠."

"거기다 영리한 플랫폼 서비스로 전 세계 잠재 고객으로까지 영업망이 연결되니까 일석다조가 된다는 거군요."

"바로 그거죠. 상상을 해봐요. 뷰티스킨이 수백 개나 되는 협력사들과 실시간으로 필요한 정보와 업무를 공유하고 또 수시로 자유롭게 화상회의를 열고 대시보드에는 확인하고 싶은 지표들이 빠르게 업데이트되고 정보들은 누락될 일이 없고… 그러다 보면 그 안에서 새로운 가수요까지 생겨나게 돼요. 어때요? 멋지지 않나요?"

"이런 것들이 온프레미스^{on-premise} 시대에서는 상상할 수가 없었는데 역시 클라우드에서는 무한하군요. 확실히 격세지감이 듭니다."

"그런데 정말 중요한 게 바로 사람들의 의식 개혁과 혁신적 활동의 실행이에요. 일반적인 고객들의 사고는 과거의 고정화된 사고에서 잘 벗어나질 못해요. 시스템을 구축하면 혁신이 저절로 따라오는 줄로만 아는 거죠. 혁신을 컴퓨터가 해주는 게 아니잖아요. 물론, 우리의 시스템을 쓰는 것만으로도 이미 어느 정도는 업무 혁신을 이룬 셈이긴 하지만 진정한 디지털 혁신은 자신들이 스스로 문제를 정의하고 목표를 정해서 세상에 없는 것들을 만들어내야 하거든요."

"그런데 그건 우리의 책임은 아니잖습니까?"

"물론, 그래요. 하지만 우리가 개별 구매 영향력자 한 사람 한 사람의 성취를 향상시키기 위해선 그들이 보지 못하는 청사진까지 가이드해 줄 필요가 있다고 생각해요. 그래서 교육과 컨설팅이 병행되어야 하는 겁니다."

"그렇군요. 그렇다면 매니저님께서는 혁신의 범위를 어디까지 보시는 건가요?"

"좋은 질문인데요. 개인적으로는 크게 두 가지로 봅니다. 3년 이내에 업무 생산성으로 인한 비용 절감 효과를 50%까지 달성하는 것과 창의적인 디지털 상품의 개발 및 상용화까지 이루는 것이에요. 우리가 이러한 것들을 개별 구매 영향력자들이 달성할 수 있도록 끊임없이 독려하고 동기부여해 준다면 그들은 분명 자신만의 성취 요소를 발견하고 우리를 더욱 더 신뢰하게 될 겁니다."

지속 가능한 판매의 비밀은 바로 여기에 있었다. 고객사를 단순히 매출을 일으키는 캐시박스^{cash-box}로 볼 것이 아니라 그 안에 있는 여러 구매 영향력자들의 성취 요소들 즉 개인적 욕구들이 성취될 수 있도록 지원하고 돕는 것에 있음을. 그렇게 될 때 비로소 상호 윈-윈하는 단일 목표의 판매달성은 물론 구매자의 복수 같은 말은 구글에서나 찾아보게 될 것이다.

아무 고객이나 받지 않습니다

"시스템 진단은 기회비용 차원으로 그냥 무료로 해주시면 안 되나요?"

"진단에만 두 명의 인력이 투입되어 최소 1주일 이상 걸리는 관계로 비용 청구가 불가피합니다."

"이번 한 번만 그렇게 가시죠. 저희 협력사도 많아서 많은 판매 기회가 생길 수도 있는데 그렇게까지 빡빡하게 나오실 건 없지 않나요?"

"실례지만 진단 비용을 무료로 해달라는 특별한 이유가 무엇인지요?"

"보통 다 그렇지 않나요? 컨설팅에서 돈 버는 거지. 정 그러시면 좀 깎아주시는 건 어떠세요?"

"죄송합니다. 저희와는 거래가 힘드실 것 같습니다. 수고하십시오."

신규 거래 타진을 위한 가망 고객사 리더와의 대화는 그렇게 마무리되었다. 사실 영업 판매 인력들이 판매 기회를 거부하기란 쉽지 않은 일이다. 판매의 압박이 큰 경우는 말할 것도 없지만 대체적으로 영업 판매에 종사하는 사람들은 미래의 실적 파이프라인을 고려하지 않을 수 없기 때문이다. 솔직히 말해서 예전 회사의 영업 구조라면 이 정도의 기회비용은 얼마든지 감수할 수 있는 문제였다.

하지만 TOS는 달랐다. 일단, TOS는 상호간에 윈-윈 관계를 매우 중요시했고 이를 실천하기 위한 프로스펙팅prospecting 가이드라인에 대해 영업 조직의 리더들은 직원들을 대상으로 수시로 교육하고 강조했다. 쉽게 말해 거래에 부적합한 고객사의 기준을 만들어 놓은 셈이다. 대표적인 것만 보면 부당하거나 불공정한 계약을 요구하는 경우, 상대 회사나 직원에 대한 존중감이 없는 경우, 권위적인 관리 체계, 자신들의 이익을 우선해 상대의 손해를 경시하는 태도 등이 우려스러울 경우 해당 거래를 거부하라는 것이다.

최고수 대표

"어느 통계에 의하면 거래를 시작한 후 후회하게 되는 판매의 비율이 약 35% 가까이 된다고 합니다. 가장 적절한 선택이 되려면 최고의 고객 기준에서 최악의 고객 기준을 뺀 실용적인 기준을 만들 필요가 있겠습니다. 무엇보다 여러분이 제공한 서비스로 인해 고객이 만족하고 그

> 결과로 거래가 반복되며 다른 거래선들에게 호의적으로 추천되는 장기거래를 원한다면 처음부터 부적합한 고객과의 거래부터 포기하십시오."

한편 3개월에 걸친 뷰티스킨의 개발이 성공적으로 완성되었다. 테스트 과정에서 최상의 고객 만족도 평가가 나온 것은 물론 김용철 매니저가 말한 대로 협력사들과 연계한 시스템 확장 계약까지 연거푸 성사되었다. 규모만 놓고 보면 더 큰 금액의 계약들이었다. 그야말로 그간 들인 수고의 몇 배에 달하는 결실을 맺게 된 광경들을 바라보면서 왜 그토록 상호간의 윈-윈 관계를 중시하는지, 프로스펙팅의 가이드라인을 강조하는지를 확실히 알게 되었다. 그러던 어느 날 메신저 알림이 스마트폰에서 강렬하게 울려 퍼졌다. 상반기 실적에 대한 인센티브가 통장에 입금되었다는 메시지였다. 지금껏 받아보지 못한 거액의 액수에 나도 모르게 입이 벌어졌다.

'와~ 이 맛에 이 일을 하는 거구나!'

며칠 후 사업부 반기 결산 회의가 화상미팅을 통해 진행되었다. 제임스 유 전무가 단상에 올라 실적이 우수한 팀과 셀 그리고 직원들 명단을 차례로 발표했다. 당당히 우리 팀과 셀도 선정되었다. 그런데 이게 웬일인가? 내가 아시아 퍼시픽 우수 영업 대표들 중 하나로 선정이 된 것이다. 김용철 매니저의 적극적인 추천과 기여 매출 등이 인정받았기에 수상이 가능했음을 나중에 알게 되었다. 기대하지 않은 결과에 얼굴이 빨개진 나는 전 직원 앞에서 짧은 소감도 전할 수 있었다. 그러자 메일을 통해 여기저기서 축하의 메시지가 전해져 왔다. 그 중에는 수장 백 프로의 것도 있었다. 이미 본사를 통해 전 세계 지역별 영업 조직의 실적과 영상들이 실시간으로 퍼져 나갔기 때문이다. 정말이지 모든 것이 꿈만 같고 얼떨떨했다. 이어 마지막으로 제임스 유 전무의 멘트가 시작되었다.

"이제부터 우리는 한 차원 더 높은 고객의 경험을 관리하고자 합니다. 고객은 이제 단순히 제품이나 솔루션을 구매하는 만족에 머무르지 않습니다. 구매 전, 구매 중, 구매 후에 경험하는 가격, 서비스, 영업 직원의 태도, 소통방식, 클레임 처리, 브랜드 이미지, 사회적 참여 등 구매 과정 전반에 걸쳐 체험하고 평가합니다. 이를 위해 우리는 고객의 생애가치까지 고려한 고객의 경험을 극대화하고자 합니다."

우리가 지금까지 흔히 말해왔던 고객 가치의 의미는 주로 고객이 누리는 편익과 그 대가로 지불하는 비용의 차이만을 의미했다. 그러나 생애가치라는 측면에서 바라본 고객의 가치는 고객으로부터 기업이 획득하는 미래의 이익에 더욱 주목하는 개념이었다. 이것이 바로 상호간의 원-윈 거래를 가능하게 하는 고객 경험 관리의 끝판왕이라고 할 수 있는데 고객과 초기 계약 이후 가까운 미래에 작은 이익이 발생하는 고객과, 먼 미래에 큰 이익이 발생하는 고객 둘로 나누어볼 수가 있었다. 그런 면에서 볼 때 뷰 티스킨은 후자의 관점에서 관리되어야 함을 의미했다.

최고수 대표

"고객의 이탈을 두려워하고 중시하는 기업들은 고객 생애가치의 상실이라는 측면에서 보다 적극적으로 그리고 실효적으로 해당 고객들을 관리합니다. 기업들은 매해 자연발생적으로 10%에 해당하는 고객들을 잃게 되는데 진성 고객의 이탈율을 5%만 줄여도 회사의 이익이 최대 85%까지 증가한다는 연구가 있습니다."

　이는 고객을 발굴하는 과정에서 적합한 고객을 선정해 섬세하게 관리하는 것과 부적합한 고객을 추려내 과감하게 싹을 잘라내는 것이 얼마나 중요한가를 보여주는 자료가 된다. 물론, 영업 판매 활동을 하면서 항상 최상의 고객만을 선택해 가져갈 수 있는 여유만만한 영업 직원들은 아마도 없을 것이다. 알고 보면 뷰티스킨도 처음부터 100% 그러한 기준에 부합했다고 볼 수는 없었다. 하지만 적어도 영업 조직이 추구하는 고객의 이상적인 프로필에 대해 생각해보고 그에 맞는 프로스펙팅 활동을 통해 가망 고객의 관련 정보를 꼼꼼하게 검토하는 일은 언제나 중요하다. 마치 결혼할 배우자를 고르는 것과 거의 유사한 과정이라고 보면 된다.

최고수 대표

"그럼 이상적인 고객 프로필을 만드는 방법에 대해 알려 드리겠습니다. 첫째는 전자공시 시스템에 들어가 매출액, 이익, 고객 등에 대한 통계적인 자료를 살펴보는 것입니다. 둘째는 가망 고객의 조직 문화를 가늠해 보는 것입니다. 먼저 해당 기업의 홈페이지에 들어갑니다. 여기서는 객관적인 지표보다는 규범적 가치에 집중하도록 합니다. 예를 들어 S전자의 경우를 보면 핵심가치가 항목별로 세세하게 분류되어 있음을 알 수 있습니다. 셋째는 기사 검색과 관련 내부 인물들의 인터뷰를 통해 사실을 확인합니다. 판매에서 불확실성을 줄이고 윈-윈 결과를 확보하기 위해 우선적으로 해야 할 일은 진성 고객과 악성 고객의 판별입니다. 절대 겉으로 보이는 것으로만 판단하면 안 됩니다. 반드시 말씀드린 세 가지의 단계를 통해 검증하고 또 검증하십시오."

지금까지 내가 이곳 TOS에 와서 깊게 깨달은 사실 하나는 고객이 무엇인가를 구매하려는 진짜 이유가 단지 제품과 서비스의 물리적 속성들이 가져다주는 성과 때문만은 아니라는 것이었다.

즉, 고객사 내부에는 생각을 달리하는 여러 구매 영향력자들의 개별적 성취 요소들이 존재하고 있었고 이것들이 판매에 결정적인 요소들로 작용하고 있다는 사실이었다. 만일 이 부분을 소홀히 다룰 경우 다음과 같은 결과들을 예상할 수 있다. 첫째, 고객사 내부로 깊이 침투해 들어가지 않으면 결코 알 수 없는 판매에 중요한 단서들과 우리가 제공하려는 것들과의 합의점을 찾을 수가 없게 되고 둘째, 그러한 결과로 후회하게 될 단일 판매 목표를 구별하지 못하거나 단기 목표에만 급급한 나머지 더 의미 있고 장기 거래가 가능한 판매 기회를 놓쳐버릴 수도 있게 된다.

어느새 퇴근 시간이 다가왔다. 오늘따라 유난히 회사 사보에 실린 전설적인 사내 판매왕의 글이 눈에 들어왔다.

'예를 들어 가격만을 결정적인 요소로 고려하는 회사에 판매한다면 여러분은 아마도 어려운 상황에 직면하게 될 것입니다. 하지만 가격 대비 가치에 중점을 두는 회사에 판매한다면 바꿔 말해 우리와 조금이라도 더 윈-윈하는 거래에 관심 있는 회사와 거래를 할 수만 있다면 경쟁자는 낮은 가격 제시만으로 우리를 제압할 수 없을 것입니다. 제가 지난 10년간 판매왕 타이틀을 차지할 수 있었던 비결 중 하나는 나와 어울리는 짝을 찾는 데 많은 공을 들였다는 점입니다. 그거 아세요? 저는 그 기간 동안 단 한 번도 가격을 낮게 제시한 적이 없었다는 것을요.'

A business edu-fiction

고수의 병행전술 3 : 질문과 경청

두말할 필요도 없이 기업 세일즈 세계에서 고객과의 관계를 증진시키는 일은 매우 중요하며 이는 질문과 경청을 통해 라포rapport를 얼마만큼 잘 형성시킬 수 있는지가 관건이 된다. 이 중 질문은 사전 준비 단계가 매우 중요한데 고객사에 대한 기본적인 학습도 안 된 상태에서 미팅에 참여한다는 것은 무기 없이 전장에 나서는 병사와 다를 바 없기에 충실한 사전 학습이 매우 중요하다. 특히나 중대형 기업 영업에서 고객과의 장기적인 거래관계를 만들어 나가려면 무엇보다도 먼저 그들의 필요를 찾아 채워줄 수 있어야 한다.

그리고 그 필요를 채우기 위한 첫 번째 단추가 바로 질문이다. 시중에는 이미 질문 기법과 관련해 수많은 서적과 강연 유튜브가 친절하게 안내를 해주고 있다. 하나같이 내용도 좋은데 대략적으로 개방형 질문과 폐쇄형 질문, SPIN 질문 리스트 등을 미리 만들어 연습하고 활용하라는 것이 주된 내용이다. 그런데 영업 현장을 많이 뛰어 본 사람들은 이러한 질문 리스트가 실제 현장에서는 잘 활용되지 못하는 경우가 있음을 잘 안다. 예를 들어, 고객사 담당자와 미팅을 하다 보면 종종 대화가 엉뚱한 방향으로 흘러가는 경우가 생긴다.

즉, 영업 대표는 질문지를 따라 목적한 바(고객의 니즈 발견이나 단서 등)를 향해 가고 싶은데 갑자기 리더가 끼어든다든지 해서 미리 짜 놓은 질문 순서가 무용지물이 되기도 한다는 뜻이다. 이런 식으로 휘둘리다 보면 소득 없이 대화가 종료되고 마는 경우도 허다하다.

그렇다면 이런 경우 영업 대표는 어떻게 대처를 해야 할까? 필자는 이를 '대화 사이사이에 이정표를 붙인다'는 표현을 쓰는데 이번 미팅을 통해서 반드시 얻어가야 할 목표 질문 한두 개 정도만 수첩이나 머릿속에 기록을 해두고 나머지 시간은 그냥 대화의 바다에 흠뻑 빠지라고 주문한다. 왜냐하면 비즈니스라는 것도 결국 사람과 사람이 하는 일이기 때문에 상대와의 대화에 몰입하는 사람이 훨씬 더 상대에게 호감을 주게 되고 그만큼 기회를 얻게 될 확률이 높은 건 사실이기 때문이다.

다만, 고객들은 질문하지 않으면 답을 잘하지 않는 속성이 있기 때문에 반드시 오늘의 미팅에서 얻어가야 할 핵심 질문 한두 개는 어느 때라도 던져서 얻을 정보는 얻어가야 한다. 그런데 신기한 건 이런 패턴으로 대화가 진행될 경우 오히려 마음이 열린 고객이 알아서 더 많은 정보를 술술 주는 경우가 많다는 것이다. 이때부터는 경청의 모드로만 일관하면 되는데 프로의 경청 기술을 공개한다면 다음과 같다.

"아마추어는 귀로 듣고 프로는 입으로 듣는다."

한마디로 맞장구를 잘 치라는 말이다. 이것만 잘해도 질문과 경청이 어렵게만 느껴지지는 않을 것이다.

EPISODE 4.

고수의
노하우

INTRO

시간이 갈수록 박태출은 기업고객의 디지털 전환을 돕는
SaaS(Soft as a Service) 전문가로 성장을 거듭해가고 있다.
이제 남은 것은 전략적 판매 심화과정에 입과하여 고성장을 위한 마지막 엔
진을 탑재하는 것이다. 마침내 기본과정과 심화과정을 통틀어 전체 평가점
수 1위를 차지한 박태출은 회사로부터 전략적 판매 전문가로 인정을 받아
부부 동반 미국 여행길에 오르게 된다. 하지만 한국으로 돌아오는 기내에서
박태출은 아내에게 감추었던 자신의 결심을 고백하게 되는데…

저 높은 곳을 향하여

　오늘은 전략적 판매 교육 심화과정이 시작되는 날이다. 상반기 기본과정을 통해 배운 것들을 현업에 적용하여 많은 도움을 받은 나로선 오늘의 심화과정에 더욱 기대치가 높을 수밖에 없었다. 평상시에도 멘토 최고수 대표와는 종종 서로의 안부를 묻곤 하지만 역시 이곳 연수원에서의 만남만큼 설레게 하는 순간도 없는 것 같다. 그만큼 최 대표가 진행하는 교육에는 남다른 설득력과 유익함이 있기 때문이다.

　"다시 뵙게 되어 반갑습니다. 많은 분들께서 지난 상반기 교육에 대한 후한 점수를 주셔서 이렇게 기쁜 마음으로 심화과정에 올 수 있게 되었습니다. 이번 과정에서는 특별히 사전 설문조사를 통해 여러분이 가장 궁금해하시는 내용들을 포함 전략적 판매에서 놓쳐서는 안 될 주요 판매 관리 기법들에 대해 다루고자 합니다. 어떻게 기대가 되십니까?"

"네!"

"감사합니다. 제가 파악한 바로는 여러분들께서 전략적 판매를 수행하는 데 있어 가장 어려워하시는 부분이 경제 구매자에 해당하는 '최고 승인권자에게 접근하기'로 나타났습니다. 그렇다면 왜 그토록 이 부분에 있어서 어려워하시는지에 대해 여러분들의 의견을 자유롭게 들어보도록 하겠습니다."

"일단, 요청이 오는 경우를 제외하면 만날 생각조차 하지 않습니다. 담당자나 부서장 선에서 문제를 해결하려고 하죠. 가장 큰 이유는 편안하기 때문입니다."

"접근 자체가 불가합니다. 어떤 경우는 중간 관리자인 자신이 승인권자인 양 말할 때도 있어요."

"특별하게 승인권자를 고려해서 제안하지는 않고요. 설령 고려한다 해도 '내가 제안한 내용이 좋으면 결국 회사 대표에게 보고가 되겠지'라고만 생각하고 맙니다."

"위압감이 느껴집니다. 한번은 주눅이 들어서 무슨 말을 하고 나왔는지조차 기억이 안 나더군요."

구매를 최종적으로 승인하는 대상자인 경제 구매자의 경우 원칙적으로는 단일 판매에서 단 한 명이 존재하게 되어 있지만 이사회나 위원회처럼 집합체의 형태를 띠기도 한다. 이들은 주로 자금 지출의 통제와 권한을 가지고 있어서 어떠한 결정도 뒤집을 수 있는 막강한 힘을 가지고 있다. 그렇기 때문에 판매 제안 초기에 경제 구매자를 내 편으로 만들 수만 있다면 한껏 유리한 고지를 선점하게 되는 효과가 있다.

"경제 구매자에게 접근하는 것에 대해 많은 사람들이 가지는 생각들을 보면 나와는 다른 부류의 사람이라 접근 자체가 부담스럽다고 말하는 입장과, 어떻게 접근해서 만나야 할지 모르겠다고 말하는 입장이 혼재되어 있음을 알 수 있습니다. 그런데 그 전에 먼저 따져봐야 할 것이 있습니다. 바로 경제 구매자의 관심사입니다. 대체적으로 이들의 관심사는 회사의 이익이나 장기적인 미래 비전에 있습니다. 그래서 이들이 가장 필요로 하는 것은 미래 예측 능력을 강화해서 회사에 큰 이익을 가져다줄 수 있는 정보나 지식에 있음을 알아야 합니다. 이를 다른 말로 하면 경제 구매자를 만나야 할 사업상의 타당한 이유가 되는 거죠. 만일 여러분께서 이것들을 충분하게 준비하지 못한 상태에서 이들을 만나게 된다면 분명 이들은 자신들의 시간이 낭비된 것에 대해 강한 불만을 갖게 될 것입니다. 그리고 또 하나 많은 사람들이 놓치는 부분이 있는데요. 최종적으로 구매를 승인하는 조직의 경제 구매자는 해당 거래의 규모와 특성에 따라 매번 달라질 수 있다는 점입니다. 가령, 어떤 중대형 기업과의 특정 거래에서 경제 구매자 역할을 한 사람이 두 번째 거래에서도 동일한 권한을 행사하지 않을 수 있다는 점을 잊어선 안 됩니다. 그렇기 때문에 여러분들께서는 설령 같은 회사라 할지라도 새로운 단일 판매 목표가 생길 때마다 경제 구매자를 확인해야만 합니다."

이는 뷰티스킨의 사례에서도 확인할 수 있었다. 김용철 매니저는 처음부터 최고 경영자의 관심을 끌 만한 내용의 제안서를 작성하여 등기 우편으로 회사 대표에게 보냈다고 했다. 제안의 핵심 전략은 자신이 주도한 뷰티스킨의 경쟁업체가 DT에 성공함으로써 얻게 된 기대 이익과 비용 절감, 향후 경쟁력에 관해 상세하게 피력한 것이었고 이를 본 대표는 자신의 회사만 뒤쳐질 것을 우려한 나머지 신속하게 해당 제안을 받아들였다. 이후 실무에서의 승인 권한들이 주요 임원진들에게 위임되면서 모든 일들이 비교적 순조롭게 진행된 것이다.

"다음으로는 경제 구매자에게 접근하는 방법에 관한 것인데요. 생각보다 이 부분에 있어서 어려움을 토로하시는 분들이 많습니다. 그런데 이 문제는 앞서 말씀드린 사업상의 타당한 이유만 확보된다면 접근하는 방법은 의외로 어렵지가 않습니다. 그보다도 여러분의 제안을 최종적으로 승인할 사람이 누구인지를 정확하게 파악하는 게 더 중요합니다. 할 수만 있다면 경제 구매자라고 생각되는 사람에게 직접적으로 접촉을 시도하거나 관련자에게 물어보는 방법을 통해서 확인해보는 게 제일 좋습니다. 가장 안 좋은 건 경제 구매자를 어림짐작으로 추측만 해서 접근하는 것입니다.

이렇게 사업상의 타당한 이유와 경제 구매자가 모두 파악되었다면 여러분의 접근을 방해하는 일명 골키퍼goalkeeper 그룹을 어떻게 돌파해 나갈 것인가에 관한 숙제만 남게 됩니다. 이에 대해서는 점심식사 후 말씀드리도록 하겠습니다."

오랜만에 연수원에서의 점심식사가 끝난 후 최 대표와 캔 커피를 마시며 연수원 산책로를 걸었다.

"회사는 어떠세요? 어려운 점은 없으세요?"

"요즘은 외부에서 들어오는 일들이 많아지면서 눈코 뜰 새가 없습니다. 가장 큰 고충은 인력 문제예요. 아직 직원들은 어린 데다 중요한 일들은 거의 혼자서 쳐내야 하다 보니 주말도 없네요."

"아, 그러시군요."

왜 그런 생각이 들었는지는 모르겠지만 순간 최 대표를 돕고 싶다는 생각이 스치고 지나갔다.

"자, 그럼 오후 수업 시작하겠습니다. 골키퍼 그룹은 경제 구매자에 대한 접근을 차단하려는 비서나 직원들을 의미합니다. 만일, 여러분께서 판매 제안 초기에 적절한 방법으로 경제 구매자와 접촉을 하지 못했다면 이들은 더 적극적으로 여러분들이 가려는 길을 막으려 할 것입니다.

그런데 여기에서도 말씀드리고 싶은 포인트는 앞서 경제 구매자의 관심사처럼 왜 이들이 여러분들의 접근을 차단하려는지에 대한 이유를 생각해볼 필요가 있다는 것입니다.

결론적으로 말씀드리면 전체적으로 여러분의 제안에서 유익함을 찾지 못하기 때문이며 구체적으로는 이들의 개인적인 성취 요소에 자극을 주지 못했다는 것을 의미합니다. 그럼 어떻게 하면 이 문제를 극복할 수 있을까요?"

"결국 이들의 개인적 성취 요소를 자극시켜 주면 되겠군요?"

"그렇습니다. 그럼 어떤 식으로 자극하면 좋을까요? 한번 생각해 보시겠어요?"

"……"

"먼저 관련된 예문을 보여드리도록 하겠습니다. 예문을 보신 후 각자 느낀 점들을 말씀해 주세요."

안녕하세요, 저는 클라우드 기반 디지털 솔루션 전문기업 TOS의 000입니다. 먼저 전화를 받으신 분께(혹은 선생님께) 도움을 요청 드립니다.

귀사의 경쟁사인 A사와 B사에 구축된 저희의 솔루션이 작년 대비 45% 이상의 비용 절감 효과를 가져왔는데요. 이와 관련해 저희 회사의 부사장님께서 직접 대표님을 찾아뵙고 브리핑을 해드리고자 합니다. 안내를 부탁드려도 될까요?

"경쟁사의 성공 사례를 부사장이 직접 브리핑 한다는 말에서 무게감과 메리트가 동시에 느껴집니다. 이러한 제안은 저라도 거부할 수가 없을 것 같습니다."

"저도 동의합니다. 만일 이러한 제안을 차단했다가 나중에 회사로부터 기회 상실에 따른 어떠한 책임 추궁을 받을지도 모르는 일이니까요."

"감사합니다. 제가 기대했던 답변들입니다. 이 예문에는 크게 세 가지 전략이 함축되어 있습니다. 첫째는, 직위 간 판매like-rank selling 전략입니다. 경제 구매자와 '동일한 직위 수준'에 있는 사람을 선택하여 접근시킬 때 상대는 신뢰감과 안정감을 느끼게 됩니다. 둘째는, 회사 차원의 성과 요소를 부각시키는 전략입니다. 여기서는 경쟁사의 성과 요소를 지렛대로 활용한 것을 보실 수 있었습니다. 셋째는, 이 모든 내용들이 골키퍼들로 하여금 성취 요소로 인식되는 전략을 취한 것입니다. 즉, 경제 구매자에게 필요한 가치 있는 솔루션을 골키퍼 그룹들이 수신하였고 이 솔루션들을 경제 구매자들에게 전달함으로써 얻는 인정 효과를 유발시키게 되는 겁니다. 이외에도 우회 전략과 동조하기 전략 등이 있지만 언제나 최선은 이들의 성취 요소를 먼저 자극시켜 주는 것입니다."

당신이 아는 인맥 영업

"여러분들은 인맥 영업에 대해 어떻게 이해하고 계시나요? 한번 얘기를 해보실까요?"

"기업 대상 영업 판매에서 인맥 영업은 절대적이지 않을까요? 제가 생각하는 인맥 영업은 단순히 친밀한 관계로만 국한되지는 않은 것 같습니다. 동종업계는 물론 그 이외의 영역까지 폭넓은 인간관계를 통해 구축된 비즈니스 네트워크가 아닌가 싶습니다."

"우선은 저 자신이 고객들에게 가치가 있는 사람으로 포지셔닝이 되어야 인맥 영업이 가능하다는 생각입니다. 그렇지 않을 경우 을로서 갑에게 끌려다니는 한계를 넘어서지 못할 것 같습니다."

"이제는 옛날 방식의 관계 친화적인 인맥 영업은 잘 통하지 않는 것 같아요. 제품이든 서비스이든 고객에게 줄 수 있는 확실한 솔루션을 제공해야 그때부터 고객과의 관계도 이어지게 되거든요."

"여러분들의 의견을 들어보니 인맥 영업에 대한 이해가 상당히 높음을 알 수가 있네요. 여러분들도 잘 아시다시피 고객사 내에는 다양한 개별 구매 영향력자들이 존재합니다. 그런데 이 중 가장 독특한 특징을 지닌 구매 영향력자가 있는데 이를 전략적 판매에서는 코치coach라고 부릅니다. 코치는 여러분의 영업 판매 활동을 돕고 지원하는 역할을 하지만 처음부터 코치라는 존재가 있는 것은 아닙니다. 코치는 여러분이 직접 발굴하고 개발해야 하는 대상으로써 기존에 우리가 알고 있는 인맥 영업을 확장해 체계화시킨 하나의 개념이자 대상으로 보시면 되겠습니다."

뷰티스킨 영업을 하면서 가장 대표적인 코치를 꼽으라면 황충식 부장을 들 수 있었다. 그는 회사 내에 실질적인 핵심 구매 영향력자들에 관한 정보를 제공해 주었고 우리가 계획한 일들이 원활하게 돌아갈 수 있도록 도우미 역할을 톡톡히 해주었다. 특히, 그는 전략적 판매에서 말하는 코치의 기준을 모두 충족했다.

"코치의 기준이라면 우선 코치가 여러분을 개인적으로 신뢰해야 합니다. 이것은 단순히 친하다는 의미와는 많이 다릅니다. 코치는 여러분이 가진 판매 전문성을 인정하고 믿을 수 있는 사람이라고 확신해야 합니다. 그리고 과거 여러분과 함께한 거래에서 성공 경험이 있거나 최소 여러분이 이룬 성공 사례에 대한 열렬한 지지가 있어야 합니다. 다음으로는 코치가 자신의 회사 내에서 신뢰를 받아야 합니다. 이는 여러분이 알고자 하는 정보를 얻기 위해 회사 내의 여러 구매 영향력자들과 스스럼없이 소통할 수 있어야 함을 의미합니다. 마지막으로 코치는 여러분의 성공을 자신의 개인적 성취로 여겨 해당 판매 목표가 꼭 달성되기를 바라야 합니다."

생각해보면 황충식 부장은 우리의 판매 성공을 누구보다도 바랐던 사람이었다. 그 이유는 우리의 목표 달성이 자신의 성공적인 경력 관리 즉, 개인적인 성취와 직결되는 문제였기 때문이다. 그렇기에 성공적인 거래를 만들어 감에 있어서 코치는 선택이 아닌 필수이며 소위 인맥 영업을 한다고 했을 때 전략적 판매에서는 다수의 코치를 개발해 가는 것을 말한다.

"그렇다면 코치를 여럿 개발해야만 하는 이유는 무엇일까요?"

"그야 당연히 여럿을 만들어 놓으면 어떻게든 도움이 되니까 그런 것 아닐까요?"

"어떻든 코치도 직원이니까 인사 이동이나 이직 등으로 인해 공백이 생길 수 있기 때문이겠죠."

"여러분들의 말씀도 틀린 것은 아니지만 보통 코치는 철저하게 목표 중심적으로 개발됩니다. 그것은 '모든 판매가 각각 다 고유하다'라는 전략적 판매의 중심 개념에서 비롯되는데요. 코치 역시 각각의 단일 판매 목표별로 그때그때마다 새롭게 발굴될 필요가 있습니다. 혹시, 특정 판매에서 도움을 주었던 사람이 다른 판매에서는 크게 도움이 되지 않았던 경험 없으신가요?"

"있습니다. 당시 코치라는 개념은 없었지만 친하다고 생각했고 또 꾸준히 판매에 도움을 주었던 파트너가 하나 있었는데 언제부터인가 연락을 해도 미온적인 반응을 보이는 겁니다. 처음엔 내게 섭섭한 것이 있나 생각했는데 알고 보니 그가 맡은 업무가 바뀐 겁니다. 그럼에도 전 필요한 정보 정도는 파악해 줄 수 있지 않을까 라고 생각했는데 저 역시 나중에 비슷한 일을 겪고 보니 그게 쉽지 않은 일임을 깨닫게 되었답니다."

"맞습니다. 사실 이와 같은 일들은 다양한 판매 현장에서 흔히 벌어지곤 합니다. 하다못해 음식점에서도 주방에서 일하는 사람과 배달을 하는 사람은 같은 일터이지만 완전히 다른 업무이기 때문에 특별하게 주의를 기울이지 않으면 각자의 영역에서 벌어지는 일들을 잘 모를 수밖에 없습니다. 그런 의미에서 코치 인맥을 확장해야만 하는 목표가 분명해지는 것입니다. 첫째는, 말씀드린 대로 단일 판매 목표별로 코칭을 받을 수 있는 코치가 새롭게 세워져야 하고 둘째는, 하나의 코치로부터 파악된 정보의 정확성을 높이기 위해 주요 부서별로 한 명씩 코치를 개발하는 것입니다. 일종의 확인 장치처럼 말이죠."

"궁금한 게 있는데요. 강사님, 그렇다면 코치도 개발하기에 따라서 능력의 편차가 클 것 같다는 생각이 드는데요. 어떤 식으로 코치를 개발하는 게 좋을까요?"

"아주 좋은 질문입니다. 사실 코치를 개발한다는 것에 있어서 어떤 정해진 룰이나 절차가 있는 것은 아닙니다. 하지만 목표로 삼아야 할 대상의 우선순위는 있습니다. 가능하다면 경제 구매자를 최우선 포섭 대상자로 삼는 겁니다. 아시다시피 경제 구매자는 최종 승인권한을 가진 막강한 권력자로서 회사 전반에 관한 이슈에 가장 밝고 무엇보다 회사의 장기적인 성장에 관심이 많기 때문에 이러한 이들의 니즈에 맞는 제안을 통해 코치로 세울 수만 있다면 모든 일들이 순조롭게 풀려나가는 효과를 보게 됩니다."

김용철 매니저의 전략이 그것이었다. 뷰티스킨의 경제 구매자인 사장을 코치로 포섭하고 난 후부터 경제 구매자는 일이 진행될 수 있도록 인력과 조언을 아끼지 않았다. 특히, 경제 구매자가 어떤 제안의 내용을 납득하면 회사 내 다른 구매 영향력자들에게 쏟는 설득의 시간을 대폭 줄일 수가 있게 되어 좋았고, 무엇보다 고무적인 것은 해당 판매가 거부되거나 실패하는 확률이 적어지게 된다는 점이었다. 여기에 한술을 더 떠서 김용철 매니저는 미래의 경제 구매자까지 코치로 개발했는데 대표적인 예가 뷰티스킨의 중국 지사장을 맡고 있었던 노 부사장을 발빠르게 접촉한 것이었다. 노 부사장의 경우 창업주의 후계자로서 회사 내 막후 실세였는데 실제로 본사 대표의 위상이 흔들리자 그의 영향력이 더욱 부각되었고 이를 발판으로 막혀 있던 우리의 비즈니스가 순풍을 만난 듯 일사천리로 진행되었다.

"경제 구매자를 코치로 만들기 위한 팁을 드린다면 부탁이 아닌 조언을 구할 것을 추천드립니다. 예를 들면, 이런 식으로 하는 거죠. '이번 프로젝트를 진행하는 데 있어서 회사 내 데이터 전반에 관한 기술적 도움을 받으려면 어떻게 해야 할까요?', '원활한 프로젝트의 진행을 위해 예산상의 문제가 생길 경우엔 어느 분과 상의를 해야 할까요?' 등과 같이 질문 형식으로 조언을 구하게 되면 경제 구매자는 적절한 책임자들을 소개해 줍니다. 이 방법이 좋은 이유는 첫째, 경제 구매자를 은연 중에 코치로 만들어 줌으로써 그로 하여금 유능감을 느끼게 하는 효과가 있고 둘째, 경제 구매자로부터 지침을 받은 사람들 앞에 여러분의 위상이 한껏 높아진 상태로 포지션 되어 있기 때문에 한결 소통하기가 수월해지며 셋째, 동일한 방식으로 이들을 코치로도 개발할 수 있어 일석다조의 선순환 효과를 낳게 됩니다."

정리하면 전략적 판매에서 추구하는 인맥 영업은 곧 코치 인맥을 구축하는 것이다. 그것은 인맥을 위한 인맥을 쌓는 데 힘을 쏟는 것이 아니라 특정한 판매 목표를 달성하기 위해 전략적으로 코치를 발굴하고 개발해야 함을 의미한다. 코치를 발굴하고 개발하는 데 있어서 정해진 룰이나 절차는 없지만 방향성만은 분명하다. 바로 다다익선과 교차 검증이다. 자격 기준이 충족된 코치라면 많으면 많을수록 좋고 그러한 코치들로부터 수집된 정보들은 해당 판매의 성공 가능성을 높이게 된다. 마지막으로 코치 인맥을 구축하는 데 있어서도 끊임없는 재평가 작업은 매우 중요하다. 우리의 비즈니스는 언제나 불확실성으로 덮여 있고 그것을 제거하는 과정 자체가 곧 전략적 판매이기 때문이다.

롤러코스터는 놀이동산에서만

롤러코스터 현상roller coaster syndrome이란 영업 인력이나 조직의 들쑥날쑥한 판매 실적을 말하며, 거의 모든 영업 판매 관련 종사자들이 피하고 싶은 스트레스 1순위다. 그런데 안타까운 것은 그저 열심히 일한다고만 해서 이 문제가 해결되지 않는다는 데 있다.

"여러분께서는 1주일에 얼마만큼의 판매 시간을 고객에게 할애하시나요?"

많은 영업 인력들이 무의식적으로 판매 시간에 대해 오해를 하고 있는 게 있다. 고객과 관련한 직간접적인 서류 작업들, 고객에게 출하시킬 제품의 주문과 관련한 유관부서와의 회의들, 고객의 클레임을 처리하거나 서비스 교육에 참여한 시간들, 고객을 만나기 위해 출장을 준비하고 담당자와 식사 및 담소를 나누는 시간까지 '고객'이라는 이름만 들어가면 그 모든 것이 판매 시간이라고 생각할 수 있다. 하지만 전략적 판매에서 말하는 판매 시간의 정의는 구매 영향력 행사자들이 느끼는 현실과 원하는 성과 사이의 불일치를 파악하기 위해 질문하는 시간들로 제한한다.

"유능한 영업인의 경우 주당 전체 근무 시간 중 약 5~15% 정도를 고객과 대면하는 데 할애한다고 하니 실제적인 판매 시간은 턱없이 부족하다는 결론이 나옵니다. 그래서 이를 판매 시간의 역설이라고 부르는데요. 신기한 건 아무리 근무 환경이 디지털화 되고 영업 자동화가 되어도 판매 시간이 부족하다고 느끼는 건 마찬가지라는 것입니다. 결국, 판매 시간을 조절하지 못하면 롤러코스터 현상은 피할 수 없게 되는데 이때의 대안이 판매 깔때기입니다."

세일즈 펀넬sales funnel이라 불리는 판매 깔때기는 영업 조직의 자원과 시간을 효과적으로 사용하게 해주는 최적의 시간 관리 기법으로 알려져 있다. 판매 깔때기를 잘 활용하기 위해선 무엇보다 판매 목표를 세분화해야 한다. 예를 들어 고객사 A의 영업 기회를 1, 2로 고객사 B의 영업 기회를 1, 2로 각각 세분화하면 전체적인 단일 판매 목표의 총 개수는 네 개로 관리되어야 한다. 전략적 판매에서는 설령 거래선이 같더라도 서로 다른 판매 목표를 각각의 독립된 판매 목표로 보기 때문이다.

"고객사 내 잦은 인사 이동이 있을 경우 같은 거래선 내에서 발생하는 각각의 판매에는 서로 다른 구매 영향력 행사자들이 관여되는 경우가 많습니다. 그렇기 때문에 각각의 영업 기회를 차라리 하나의 독립된 신규고객 대하듯 하는 게 좋습니다. 그럼 여러분의 이해를 돕기 위해 판매 깔때기의 활용과 관련된 퀴즈를 내보도록 하겠습니다. 아래의 보기 중 맞는 것은 무엇일까요?"

A. 판매 깔때기는 특정한 프로세스 절차를 따르지 않는다.
B. 판매 깔때기는 규모가 큰 거래선 단위로 매출을 추적한다.
C. 판매 깔때기는 각 단계별로 적절한 시간에 적절한 일을 수행한다.

"하나씩 살펴볼까요? A는 틀렸습니다. 판매 깔때기는 한 단계에서 다음 단계로 이동하기 위해 충족시켜야만 하는 전제 조건들이 있기 때문에 원칙적으로 프로세스 절차를 따릅니다. 1단계 '판매 세계'에서 잠재 고객이 발굴되어야 하고, 2단계 '깔때기 위'에서 적격 여부가 심사되어야 하고, 3단계 '깔때기 안'에서 핵심 구매 영향력자와 접촉해야 하고, 4단계 '선별된 소수'에서는 주문이 완료될 확률이 90%에 육박하는 단계를 거쳐야 비로소 목표 달성이라는 결과물이 나오게 됩니다. B도 틀렸습니다. 우선 판매 깔때기는 거래선 단위가 아닌 개별적인 판매 단위로 매출을 추척하며 거래선의 규모와도 상관이 없습니다. C가 정답입니다. 우리가 판매를 하는 과정상에서 제거해야 할 레드카드는 크게 두 가지입니다. 그것은 주문을 완료하기까지 걸리는 예상 시간과 불확실성입니다. 이 두 가지만 제거되면 실적이 언제 얼마만큼 달성될지를 예측할 수 있게 되는데 이를 가능케

하는 방법이 각각의 판매 단계별로 '적절한 시간'에 '적절한 일'을 수행하는 것입니다.

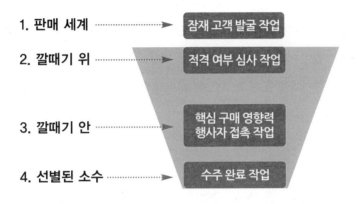

1. 판매 세계 ·············▶ 잠재 고객 발굴 작업

2. 깔때기 위 ·············▶ 적격 여부 심사 작업

3. 깔때기 안 ·············▶ 핵심 구매 영향력 행사자 접촉 작업

4. 선별된 소수 ·············▶ 수주 완료 작업

(판매 깔때기 단계별 활동사항)

다음의 예문은 영업 대표 P가 진행했던 영업 사례입니다. 각자 읽어보신 후 여러분이 P의 입장이었다면 어떻게 이 거래를 진행했을 지에 대해 이야기 나눠보는 시간을 갖도록 하겠습니다."

영업 대표 P는 대형 유통 업체를 대상으로 매력적인 판매 제안을 했다. P는 X사라는 시장 내 유력 업체에게 대량의 종합 가구 패키지를 독점 판매하려고 했지만 X사는 무리한 사업 확장 등으로 자금이 경색되어 번번이 해당 판매 건이 홀딩되었다. 그럼에도 영업 대표 P의 제안에 매력을 느낀 X사의 구매 영향력자는 자금이 풀리는 대로 구매를 진행하겠다며 4개월 정도만 기다려 달라고 했다. 그런데 P는 평균적으로 이와 같은 거래에 2개월 이상을 소요한 적이 없었다. 하지만 구매 영향력자의 적극적인 구애와 X사의 시장 내 평판 등을 고려해 봤을 때 크게 문제가 되지는 않을 것이라 판단하고 기다리기로 했다. 그리고 늘 그렇듯 다른 판매 활동에 전념을 다했다. 그런데 나중에 문제가 생겼다. 약 3개월 후 P가 X사를 우연히 방문했을 때 해당 판매 건이 다른 경쟁사에게로 넘어간 사실을 알게 된 것이다. 더 황망한 것은 당시의 구매 영향력자가 다른 회사로 이직을 해버린 것이었다.

"애당초 X사의 자금 사정이 좋지 않았음을 P는 인지했던 것으로 보입니다. 그럼에도 X사의 평판이나 구매 영향력자의 말만 믿고 판매를 시도했던 것도 문제가 아닌가 싶습니다."

"P가 X사를 3개월 후 우연히 방문한 것에도 문제가 있습니다. 중간에 구매 영향력자와 한 번이라도 소통을 했다면 이런 일은 발생하지 않았을 겁니다."

"X사가 경쟁사의 제품을 구매한 시점이 석연치 않습니다. 분명 자금 문제로 4개월을 기다려 달라고 했는데 결국 3개월 안에 구매가 이루어졌으니까요."

"모두 좋은 의견입니다. 이 사례에는 우리가 판매 깔때기 관리를 제대로 하지 않았을 때 나타나는 문제점들이 노출되고 있습니다. 하나씩 살펴보면 먼저 1단계 '판매 세계'에서 자금 경색과 같이 이상적인 고객 프로필에 부합하지 못한 고객이 선정된 것을 알 수 있습니다. 다음 2단계 '깔때기 위'에서는 P가 X사로부터 4개월가량의 구매 지연 요청을 받게 된 사실을 알 수 있습니다. 이 지점에서 P는 자신의 '통상적 판매주기의 절반'이라는 판매 깔때기 규칙을 고려했어야 했습니다. 먼저 통상적 판매주기란 잠재 고객을 처음 발굴해서 구매 계약에 서명할 때까지 걸리는 시간을 말합니다. 그리고 '통상적 판매주기의 절반' 규칙을 적용하려면 최근 몇 년간 진행했던 거래들 중 극단적으로 빨리 계약된 거래나 혹은 늦게 계약된 거래를 제외한 후 평균적으로 거래에 소요되는 시간을 계산해야 하는데 이 예문에서는 2개월로 나옵니다. 그러니까 P는 2개월의 절반인 1개월을 기준으로 삼아 3단계 '깔때기 안' 작업을 속히 실행했어야 합니다."

3단계 '깔때기 안' 작업을 실행한다는 것은 보다 적극적으로 P가 X사 내의 핵심 구매 영향력자 모두를 접촉하고 주문 가능성을 확인했어야 함을 의미한다. 통상적 판매주기의 절반을 넘어서는 위험 단서가 명백하게 드러났기 때문이다. 만일, P가 판매 깔때기의 프로세스를 정상적으로 준수했다면 다른 회사로 이직한 구매 영향력자의 동태 파악을 못했다든지 경쟁사로 판매 기회가 넘어가는 일과 같은 황망한 일은 당하지 않았을 것이다.

"이 사례에서 주는 교훈은 다음과 같습니다. 영업 대표는 판매 목표를 너무 빨리 또는 너무 늦게 진행시킬 경우 - 성공이 확실해 보이던 주문도 - 판매를 위태롭게 만들 수 있다는 것을 감각적으로 인지해야 하고 이를 방지하기 위해 통상적인 판매주기보다 길어지는 상황이 포착될 시엔 평상시보다 더 공격적인 판매 작업을 수행함으로써 속히 판매 깔때기가 정상적으로 작동되도록 해야 한다는 것입니다."

전략적인 판매가 유용한 이유는 판매에 적용되는 원칙과 프로세스가 확고하게 세워져 있다는 것에 있다. 판매의 상황은 너무나 복잡하고 가변적이다. 가령, 값싼 소프트웨어 패키지를 1~2주 안에 팔아야 하는 판매 상황과 외국 정부를 상대로 수백억 원에 달하는 해양 플랜트 구조물을 판매해야 하는 상황은 완전히 다르다. 하지만 각각의 사업이 갖는 통상적인 판매주기는 기간만 다를 뿐 공통적으로 존재한다. 판매 깔때기의 궁극적인 목표가 최종 계약을 의미하는 4단계 '선별된 소수'에 있음을 어느 누구도 부인할 수는 없을 것이다. 하지만 이전 단계에서 '통상적인 판매주기의 절반'과 같은 판매 원칙과 프로세스들이 제대로 수행되지 않을 경우 4단계 진입이 위험에 처할 수도 있다.

유연하게 그리고 역동적으로

"판매 깔때기 관리와 관련하여 저의 이야기를 들려드리고자 합니다. 현재 제가 운영하는 S&S사의 경우 전체 매출의 60%가 퇴직 전 제가 몸담았던 기업에서 나오고 있습니다. 그리고 나머지 40%가 외부에서 발생되고 있죠. 지금 교육하고 있는 여러분의 회사도 이에 해당합니다. 판매 깔때기 구조상 저는 4단계에 해당하는 '선별된 소수'에 많은 자원을 투입하고 있습니다. 여기서 말하는 자원이라 하면 주로 시간이 될 것입니다. 만일 여러분이라면 이 경우 판매 깔때기의 프로세스 비중을 어떻게 조정해 가시겠습니까? 여러분들의 의견을 먼저 들어보고 싶습니다."

"몸담았던 기업의 매출 의존도가 너무 높은 것 같습니다. 4단계의 비중을 조금씩 줄여서 전체적으로 균형을 맞춰가는 게 좋지 않을까요?"

"음… 제 생각엔 4단계의 비중을 일부러 줄이기보다는 1단계의 작업량을 계획적으로 늘려가는 게 좋지 않을까 싶습니다."

"모두 훌륭한 의견입니다. 이번에는 다른 질문을 드려보겠습니다. 현재 판매 깔때기상에 총 16개의 판매 목표가 동일한 비중으로 섞여 있다고 가정해 봅니다. 즉, 1단계 4개, 2단계 4개, 3단계 4개, 4단계 4개입니다. 여러분이 열심히 영업 활동을 1개월간 한 결과로 판매 목표가 각각 1단계 1개, 2단계 1개, 3단계 2개, 4단계 8개로 조정되었습니다. 즉, 전체 판매 목표 중 50%가 주문 가능성 90%에 달하는 4단계 '선별된 소수'로 이동한 것입니다. 그렇다면 여러분께서는 다음 달 영업 활동 시 각 단계별로 얼마만큼의 자원을(%) 각각 투입하시겠습니까? 보기를 드리겠습니다."

A. 4단계 – (   )%, 3단계 – (   )%, 2단계 – (   )%, 1단계 – (   )%

"저라면 4단계 50%, 3단계 30%, 2단계 20%, 1단계 10%의 자원을 각각 투입하겠습니다."

"전 4단계 40%, 3단계 20%, 2단계 10%, 1단계 30% 입니다."

"전 4단계 60%, 3단계 10%, 2단계 10%, 1단계 20% 입니다."

"네, 좋습니다. 각각의 이유는 나중에 들어보기로 하고요. 제가 총 두 가지의 질문을 드렸는데요. 이러한 질문들을 드린 이유는 판매 깔때기 관리에 있어서 매우 중요한 업무의 우선순위와 자원 배분에 관한 말씀을 드리고자 함입니다. 잘 들어보세요. 사실 당연한 얘기지만 우리가 하는 영업 판매 비즈니스는 판매 목표의 양과 질에 따라서 판매 깔때기 관리 방식이 달라질 수 있습니다. 다소 극단적인 예를 하나 들자면 열 개의 판매 목표 중에서 아홉 개는 각각 1억의 매출을 가져다주고, 단 한 개의 판매 목표에서 11억의 매출이 나온다면 단순 계산해 투입해야 할 자원의 배분은 11억 매출에 50% 이상을 쏟아야 합니다. 그렇죠? 그런데, 판매 목표를 달성해가는 데 있어서 거래 주기의 변수가 있을 수 있습니다. 1년 중 상반기는 성수기, 하반기는 비수기, 또는 3월에서 10월은 성수기, 11월에서 2월은 비수기에 해당하는 예들이죠. 이외에도 수행해야 할 거래처별 판매의 수와 유형, 판매의 난이도와 작업량, 매출액의 규모, 판매 회사의 내부 정책 등에 따라 판매 깔때기를 유연하면서도 역동적으로 관리해야 할 필요성이 있습니다."

"그렇다면 S&S사의 경우 4단계의 자원 투입 비중은 그대로 두고 1단계 업무를 정례화할 필요가 있겠군요?"

"박 프로님이 이제 경지에 오르신 것 같네요. 말씀대로 4단계 자원 투입 비중을 그대로 유지할 필요가 있습니다. 그 이유는 만일 S&S사의 상황이 신규 판매 목표를 전혀 신경 쓰지 않아도 먹고사는 데 지장이 없어서든, 향후 회사 운영에 초래할 위험을 회피할 목적으로 주어진 기회를 성실히 수행함이든, 영업을 하는 조직이라면 주문 가능성이 90%에 해당하는 4단계 '선별된 소수'를 빨리 처리해야 하는 건 당연한 일이기 때문입니다. 약을 치고 비료를 줘서 수확 시기가 다 된 과일을 그대로 방치한다는 건 여러모로 손실이니까요. 그리고 현실적으로 볼 때 S&S사의 경우 1단계 자원 투입의 비중을 마구 늘릴 수만도 없습니다. 다만, 점진적으로 매출의 균형을 이루어가기 위해 판매 깔때기 관리상 소홀해질 수 있는 1단계 '판매 세계' 활동(신규 고객을 늘리는 일 : 프로스펙팅)의 우선순위를 끌어올릴 필요가 있습니다. 그래서 제가 임의로 정리해 본 S&S사의 판매 깔때기 관리 전략과 순서는 다음과 같습니다."

4단계 - (60)% → 1단계 - (20)% → 2단계 - (10)% → 3단계 - (10)%

"그런데 강사님, 순서가 좀 이상하네요? 왜 4-1-2-3 이죠?"

"네, 설명드리겠습니다. 이론과 달리 현실 속에서 일반적인 영업 조직의 판매 깔때기 업무순서는 4단계 → 3단계 → 2단계 → 1단계 순으로 진행이 됩니다. 왜 그럴까요? 우리는 월말 매출 달성에 필요한 안정적인 4단계를 먼저 처리하는 것이 무엇보다 중요하기 때문입니다. 이 4-3-2-1 단계는 자연스러운 현상입니다. 대표적으로 저희처럼 모기업이 있고 매출의 대부분이 그곳으로부터 안정적으로 나오는 기업이라면 이러한 업무 순서가 더더욱 어색하지 않습니다. 하지만 반대로 롤러코스터 현상이 빈번한 영업 조직이라면 어떨까요? 그럼에도 불구하고 현실은 4단계 → 3단계 → 2단계 → 1단계 순으로 진행이 되는 경우가 많습니다. 그런데, 가만히 보면 진짜 이상하지 않습니까? 안정적인 매출처가 없음에도 불구하고 왜 이러한 업무 순서가 지속되어야 할까요?"

"1단계 '현실 세계' 활동을 꺼려하기 때문인가요?"

"우리 박 프로님 예습하고 오셨나요? 정확합니다. 어떤 영업 전문가가 말하길 성과가 잘 나는 영업 조직과 성과가 잘 나지 않는 영업 조직의 가장 큰 차이는 신규 고객 발굴 능력에 있다고 하면서 프로스펙팅 업무를 얼마만큼 루틴 시스템routine system으로 정착시킬 수 있느냐 없느냐의 여부가 오래가는 영업 조직의 관건이라고 했습니다. 그러니까 뭡니까? 현실적으로는 많은 영업 조직들이 평상시 1단계 프로스펙팅 활동을 소홀히 한 것에 대해 늘 후회와 반성을 하면서도 실제로는 개선하지 않는다는 것입니다. 이제 여러분들은 제가 왜 1단계를 두 번째 업무 순서로 배치했는지 이해하셨으리라 믿습니다. 그리고 덧붙여 말씀드리면 S&S사의 경우에서는 4단계를 제외한 나머지 1, 2, 3 단계들의 (   )안 자원 배분의 비중이 우선순위 배치에 비해 상대적으로 덜 중요하다는 것도 아실 필요가 있겠습니다."

고갈된 깔때기 현상dry funnel syndrome이라는 말이 있다. 이것은 1단계 '현실 세계' 활동을 충분히 하지 못한 결과로 잠재적인 판매 기회들이 말라버린 상태를 의미한다. 결과는 자명하다. 잠재적인 판매 기회들이 말라버렸으니 적격 여부를 심사할 2단계는 물론 핵심 구매 영향력자들을 만나 판매의 불확실성을 제거하는 3단계를 맞이할 수가 없게 된다. 당연히 주문도 일어나지 않아 실적이 곤두박질치다가 그제야 정신을 차리고 부랴부랴 1단계 판매 작업을 수행하고자 안간힘을 써보지만 원하는 실적을 당월 안에 달성하는 건 사실상 어렵다. 우리의 비즈니스가 이렇듯 서두른다고 해서 해결될 일이었으면 이미 깔때기 안은 차고 넘쳤을 테니까 말이다. 롤러코스터 현상을 피하는 최선의 방법이 평상시에 깔때기 위가 고갈되지 않도록 하는 것임을, 그것을 현실적으로 실천하기 위해선 4단계 '선별된 소수' 활동이 끝남과 동시에 1단계 '현실 세계' 활동을 곧바로 착수해야 함을 이번 시간을 통해 확실히 깨닫게 되었다.

"이제부터는 자원 배분에 관해서 이야기를 해보겠습니다. 판매 깔때기 관리는 고정화된 관리 방법이 아닙니다. 매우 유연하고 역동적인 프로세스를 추구하죠. 예를 들어, 열 개의 동일한 규모의 새로운 판매 목표가 발굴되었다고 합시다.

그런데 이들 중 유독 한 개의 판매 목표 Z가 순이익과 난이도 측면에서 압도적으로 크다는 것을 알게 되었습니다. 또한 Z의 판매 목표를 잘만 마무리하면 부가적인 A, B, C의 판매 목표까지 덩달아 달성할 수 있는 강력한 메리트까지 있습니다. 이럴 경우라면 전체 전력 중 최소 30% 이상의 자원을 판매 목표 Z에 배분해야 할 것입니다. 또 다른 경우도 있습니다. 달갑지는 않지만 회사 내에서 정책적으로 밀고 있는 제품을 팔아야 하는 경우입니다. 실제로 이런 일들은 많은 곳에서 비일비재하게 벌어집니다. 예를 들어, 생활가전을 판매하는 영업 인력들이 관계사의 자동차를 일정 수량 이상 팔아야 하고 반대로 자동차 판매 인력이 에어컨을 일정 수량 이상 팔아야 하는 경우들입니다. 이것이 자신의 평가 점수에 고스란히 반영된다면 어쩔 수 없이 적지 않은 시간 자원을 별도로 할당해야만 합니다. 이렇듯 판매 깔때기는 다양한 판매 변수 속에서 업무 순서와 자원 분배가 수시로 이루어지기 때문에 전반적인 전략적 판매 프로그램들처럼 그때그때마다 재평가 작업을 해주지 않으면 안 됩니다. 이제 여러분들께서는 왜 판매 깔때기 관리를 유연하면서도 역동적으로 관리해야만 하는지를 알게 되신 겁니다."

경쟁은 개나 줘버려

"전략적 판매에서 최고의 경쟁 전략이 경쟁하지 않는 것이라고 말하면 사람들은 그게 어떻게 가능한 일이냐고 반문합니다. 하지만 복합 판매의 본질과 시대적 흐름을 제대로 파악하고 있는 분들이라면 이 말이 갖는 의미가 '경쟁자에게 초점을 둔 판매에서 득보다 실이 많다'는 것으로 잘 이해하고 계십니다. 지금도 마케팅 수업의 단골 메뉴로 등장하는 코카콜라의 'The old Coke is back' 캠페인은 B2C와 B2B를 떠나 이 땅의 모든 마케터들에게 지나친 경쟁 전략이 주는 실패의 교훈을 가르쳐 주고 있습니다."

80년대 중반 탄산음료 시장에서 펩시는 블라인드 테스트를 이용한 '펩시 챌린지' 캠페인으로 돌풍을 일으키고 있었다. 이에 긴장한 코카콜라는 단맛은 더하고 톡 쏘는 맛은 줄인 펩시와 비슷한 맛의 '뉴 코크'를 개발해 출시했다. 하지만 소비자들은 냉담함을 넘어 분노하기 시작했고 전국적으로 수천

건의 불만이 접수되면서 예전의 맛을 돌려 달라는 수십만 소비자들의 항의가 빗발쳤다. 결국, 코카콜라는 뉴코크 출시 이후 약 석 달여 만에 기존의 콜라를 재소환하게 된다. 이것이 그 유명한 코크 클래식^{coke classic}이다.

"경쟁하지 않는 전략이 경쟁자의 강점을 고려하지 않거나 아무것도 하지 않는 것으로 생각하면 곤란합니다. 오히려 경쟁자의 강점에 너무 신경을 쓴 나머지 자사가 가진 고유의 강점마저 잃게 된 코카콜라의 사례에서 우리는 느끼는 바가 있어야 합니다. 그런 의미에서 당시 코카콜라를 지휘했던 도널드 키오 회장의 메시지를 되새겨 보고자 합니다.

'우리가 오랫동안 지켜온 규칙들 중 하나는 사업상 실패가 고객이 아닌 경쟁자에게 과도하게 집중한 결과라는 것을 잊지 말자는 것입니다.'

그렇다면 우리가 하는 비즈니스로 넘어와 이런 질문을 한번 드려보고 싶습니다. 많은 영업 판매 종사자들이 경쟁자를 과도하게 의식하는 이유가 무엇 때문일까요?"

"경쟁자보다 빨리 거래를 성사시키고 싶기 때문이겠죠. 그래야 실적을 채울 수 있으니까요."

"맞습니다. 그럼 빨리 거래를 성사시키기 위해선 어떤 요소가 가장 필요할까요?"

"제품과 가격 경쟁력은 기본이겠죠. 그리고 고객이 원하는 또 다른 요청 사항들을 파악해서 대응하는 게 중요하다고 생각합니다."

"의견 감사합니다. 노파심에 한 말씀을 드리자면 저는 사람들이 전략적 판매가 우아하게 장기 거래에만 집중한다는 생각을 갖지 않았으면 합니다. 이는 앞서 판매 깔때기 관리에서 4단계 '선별된 소수'의 빠른 처리에 대해 강조를 드리면서 충분히 설명되었다고 생각합니다. 하지만 저는 오늘날 고객의 구매 이유와 경쟁의 조건이 빠르게 변화하고 있는 만큼 우리들의 경쟁 전략에도 그에 상응한 변화가 있어야 함을 말씀드리고 싶었습니다. 관건은 여전히 경쟁자가 아닌 고객에게서 찾아야 한다는 것입니다. 지금 우리가 마주하는 고객들이 접하는 제품 및 서비스에 관한 정보의 양은 실로 어마어마합니다. 각종 기업 보고서와 정기 간행물, 광고와 인포그래픽, 양질의 백서, SNS와 블로그 추천 등이 그 어느 때보다 차고 넘치고 있죠. 이제는 온라인에서 빅데이터에 의해 수집된 정보의 정확도가 더 높다고 할 정도입니다. 그런데도 고객들은 과거보다 구매를 결정하기가 더 힘들어졌다고 하소연합니다. 그 이유는 넘쳐나는 정보들이 오히려 올바른 결정을 내리는 데 방해가 되고 있기 때문이죠. 이러한 결과로 고객들은 구매 과정에서 점점 더 영업 인력들과의 만남에 신중해지고 있으며 만남에 할애하는 시간 역시 줄어들고 있습니다. 이 현상이 의미하는 바가 무엇일까요?"

"이미 고객들이 알 만한 정보를 다 수집한 상태에서 차별화가 없는 영업 대표와의 대화를 기피하는 것 같습니다."

"고객이 정보를 더 많이 가진다고 해서 반드시 고객에게 유리한 것 같지는 않습니다. 뭔가 고객에게 정보를 선별해서 고객이 결정을 용이하게 할 수 있도록 해야 할 것 같습니다."

"와우, 바로 그겁니다. 역설적이게도 신뢰할 만한 정보는 많아졌는데

　　　　　　　　　　　　전략적 판매의 고수가 된 박태출

구매 프로세스는 오히려 더 복잡해지고 어려워지는 현상이 나타난 겁니다."

공신력 있는 기관의 B2B 고객 1,100명의 설문조사에 의하면 정보가 많아 부담스럽다고 느끼는 고객은 후회가 적은 양질의 구매를 할 가능성이 다른 고객보다 54%나 낮다고 한다. 응답자의 90%는 구매 과정에서 접하는 정보들이 양질의 정보라고 응답했다. 믿을 수 있고 적절하며 데이터와 전문가 분석으로 뒷받침되고, 설득력 있는 방식으로 전달됐다는 의미다. 하지만 그럼에도 불구하고 정보를 제대로 이해하기가 쉽지 않았다고 응답한 사람들도 있었다. 응답자의 55%는 정보를 신뢰할 수는 있지만 서로 차별성이 없어 공급업체 간 장단점을 판단할 수 있는 실용적인 기준을 세우는 데 어려움을 겪었다고 했다. 44%는 정보를 신뢰할 수는 있지만 서로 모순된다고 응답했다. 적절하고 그럴듯한 다양한 정보들이 있지만 상충되는 방향을 제시한다는 뜻이다.

"여러분이 주신 말씀에 정답이 다 담겨져 있습니다. 결국, 경쟁에서 이긴다는 것은 고객에게 빠른 거래를 유도하는 것이 아니라 - 판매 기회를 놓칠까 봐 전전긍긍해 하는 모습들을 보여주는 게 아니라 - 고객 스스로 후회 없는 결정을 내릴 수 있도록 사고의 틀을 마련해주고 필요에 따라 최적화된 정보를 단순화하여 제공하는 데 있는 것입니다. 이른바 정보 큐레이터로서의 역할입니다. 이것뿐만이 아닙니다. 우리가 하는 비즈니스의 특성을 조금만 고려해보면 여러 유형의 경쟁 요인이 혼재하고 있음도 알 수 있습니다.

첫째, 내부 자원의 활용입니다. 저의 비즈니스에서도 흔하게 볼 수 있는데요, 많은 기업들이 사내 강사 제도를 통해 다양한 교육 프로그램들을 소화하고 있습니다. 이들은 엄연한 저의 판매 기회를 앗아가는 강력한 경쟁자들입니다. 둘째, 다른 용도로의 예산 전용입니다. 실제로 과거 고객사 내에 구축하기로 했던 전산 시스템 예산을 신규 지사 설립에 전용해 쓰는 경우를 경험한 적이 있습니다. 경영진의 판단에 따른 것으로 사전에 특별한 계약을 맺지 않는 한 충분히 있을 수 있는 일입니다. 결과적으로 신규 지사 설립이 저의 경쟁자가 된 것이죠. 셋째, 타성에 젖어 움직이지 않는 문화입니다. 뭐 이런 게 경쟁 요인이 되나 싶을 수도 있겠지만 어떠한 합리적 제안에도 불구하고 시간과 자원을 들이는 것 자체를 매우 꺼리는 문화 역시 위협적인 경쟁 요인이 될 수 있습니다. 결국 위에 열거한 요인들은 '경쟁이란 공급사가 제안하는 것에 대안이 되는 특정한 해결책'이라는 전략적 판매에서 바라본 경쟁에 대한 독특한 관점에서 비롯됩니다."

"그렇다면 강사님, 조금 전에 고객과의 만남이 제한되는 상황 속에서 고객 스스로가 후회 없는 결정을 내릴 수 있도록 사고의 틀을 마련해 주어야한다고 하셨는데요. 구체적으로 어떻게 해야 하는 건가요?"

"네, 말씀드리려고 했습니다. 일단, 그 전에 한 가지 알아두셔야 할 것이 있는데요. 정보의 양이 많아 부담스럽다고 느낀 고객들은 대체적으로 구매에 대한 저항이 높다는 점입니다."

실제로 그랬다. 조사에 의하면 넘치는 정보 가운에서 결정을 내려야 할 때 고객들은 인지 편향에 빠지는 경우가 많았다. 인지 편향이 판매자에게 미치는 영향은 매우 컸다. 살펴보면 정보가 많아 부담스럽다고 느낀 고객은 프리미엄 가격대에 광범위한 솔루션을 제공하는 양질의 상품을 후회 없이 구매할 가능성이 다른 일반 고객보다 54%가 낮았다. 이어서 신뢰할 수 있지만 모순된 정보를 접한 고객은 그 가능성이 66%가 낮고, 공급업체 간 장단점에 대한 상충된 정보를 접한 고객은 33%가 낮았다.

"이런 상황에서 우리가 취해야 할 것은 먼저 성공적인 거래에서 나타나는 고객의 인식 측정 기준을 이해해야 한다는 것입니다. 그 첫 번째가 구매 의사 결정에 대해 고객 자신이 갖는 신뢰도입니다. 쉽게 말해 '이 정도면 후회 없는 구매가 될 거야'라는 안도감과 확신을 가지는 정도라고 보시면 됩니다. 참고로 이러한 자기 확신을 갖는 고객은 후회가 적은 양질의 거래를 완료할 가능성이 다른 일반 고객들보다 157%나 높다고 합니다. 두 번째는 영업 대표에 대한 신뢰도인데요. 여기에서는 고객이 바라는 구매 결정을 할 수 있도록 선별된 정보를 제공할 수 있는 능력과, 고객을 적극적으로 돕고자 하는 일관성 있는 태도가 중요합니다. 정리하면 고객 스스로가 자신감 있고 합리적인 의사 결정을 내릴 수 있도록 선별된 정보를 객관적이고도 적극적으로 지원할 수 있을 때 고객은 후회 없는 구매 결정을 내릴 수 있게 됩니다."

핵심 요점 Q & A

전략적 판매 심화과정도 어느덧 막바지를 향해 달려가고 있었다. 이제 전체 과정을 리뷰하는 Q&A 시간과 최종 평가시험만 남겨둔 채 최 대표는 교육생들에게 미리 나눠준 대형 포스트잇에 각자 세 가지씩 질문들을 적게 했다.

"지금까지 배운 내용들을 모두 포함해서 '아직도 이 부분은 잘 이해가 안 간다', '현장에서는 이런 문제들이 여전히 숙제다'와 같은 질문들을 적어보시는 겁니다. 도전적이고 난해한 질문들도 환영합니다. 그럼 지금부터 교육생 모두에게 유익할 만한 베스트 질문들을 채택해 답해보는 시간을 가지도록 하겠습니다."

Q. 전략적 판매에서는 경제 구매자와의 초기 접촉을 매우 중요시합니다. 하지만 현실적으로는 만나기도 어려울 뿐더러 심지어 자신이 마치 경제 구매자인 양 행동하는 중간 관리자들이 있습니다. 이런 경우엔 어떻게 해야 하나요?

A. 먼저 전략적인 면과 전술적인 면을 나눠봐야 합니다. 항상 강조했듯이 전략을 전술보다 우선해야 합니다. 중요한 것은 전략의 방향성인데 언제나 전략은 고객사의 최종 승인권자인 경제 구매자를 향해 있어야 합니다. 전략의 내용들이 사업상의 타당한 이유를 담고 있고 누가 보더라도 경제 구매자의 관심을 끌 만한 내용이라면 아무리 방해

꾼들이라 할지라도 쉽게 뿌리칠 수 없습니다. 여러분들의 제안을 자신들의 성취 요소로 인식했기 때문이죠. 그럼에도 불구하고 지금 당장 제안을 진전시켜야 하고 상대가 과도하게 권한을 넘어서는 발언을 하는 게 느껴진다면 다음의 질문들을 던져보시기 바랍니다. '이런 제안은 의사결정 과정이 어떻게 되나요?', '지금 집행은 누가 승인하나요?', '별도의 승인이 필요한가요?' 이런 질문들을 했을 때 상대가 제대로 답변을 못하거나 혹시 무례하게 나온다면 상대는 경제 구매자가 아닐 확률이 매우 높습니다. 그때는 최대한 정중하게 마무리를 짓고 빨리 그 자리를 빠져나오십시오. 여러분이 반드시 직접 경제 구매자를 안 만나도 상관없습니다. 다른 코치나 직위 간 판매를 이용해 보고 그래도 여의치 않다면 처음이든 끝이든 콜드콜을 시도하거나 등기 우편을 보내시면 됩니다. 어떠한 방법을 쓰든 자신감의 원천은 탄탄한 전략에서 나온다는 사실을 잊지 않는 겁니다.

Q. 고객의 범주를 어디까지 두어야 할까요? 시간은 한정되어 있고 만나야 할 사람은 많고 어떤 때에는 내가 이 사람들에게까지 공을 들여야 하나 싶을 때도 있습니다.

A. 그래서 거래선 단위가 아닌 단일 판매 목표로 잘게 쪼개라는 말씀을 드린 것입니다. 그렇게 되면 해당 판매 목표와 관련된 그룹이 압축되면서 접촉해야 할 대상자들이 눈에 들어오게 됩니다. 이때 잊지 말아야 할 것이 누구를 접촉하든 겉에 보이는 직책이 아닌 역할을 보

면서 한 사람 한 사람에게 성의를 다해야 한다는 것입니다. 지금 다소 영향력이 미비해 보인다고 해서 구매 영향력자 일부를 배제시키거나 소홀히 대하는 것 같은 느낌을 주면 안 됩니다. 장래에 어떤 문제로 구매자의 복수에 휘말릴지는 아무도 모르는 일이니까요. 시간이 나는 대로 구매 영향력 행사자 모두를 접촉하라는 이유는 잦은 인사이동과 조직개편이 단행되었을 때를 대비해서기도 하지만 그들이 주는 정보의 정확도를 높이기 위해 크로스 체크하는 목적이 큽니다. 장기적인 안목을 가지고 든든한 코치들의 인맥 네트워크를 만들어 가는 것에 초점을 두시기 바랍니다. 또한 여러분 회사의 관련 부서 사람들 역시 내부 고객으로서 구매 영향력자들과 똑같이 대우해야 합니다. 제조, 연구, 디자인, 홍보 모든 부서의 사람들이 여러분과 같은 목표를 갖고 있다고 착각할 수 있습니다. 하지만 그건 전혀 그렇지가 않습니다. 우리가 배웠던 성취와 성과의 개념을 잘 생각해보시면 됩니다. 분명 우리가 한 배를 탄 공동 운명체인 것은 맞지만 간혹 아군인지 적군인지조차 구분이 안 되는 훼방꾼들이 내부에는 늘 존재합니다. 모두가 추구하는 성과와 달리 각자의 성취 요소가 다 다르기 때문입니다.

Q. 객관적으로 봤을 때 경쟁사의 제품과 우리 제품 사이에 별다른 차이점이 없음에도 불구하고 가격은 우리 제품이 더 비쌉니다. 이럴 경우 고객을 설득시키기가 만만치가 않습니다. 어떻게 판매를 성공시킬

전략적 판매의 고수가 된 박태출

수가 있을까요?

A. 결론부터 말씀드리면 만일 여러분께서 차이 없음을 인정해 버리고 대안을 찾으려 하지 않는다면 방법은 없습니다. 하지만 차이는 반드시 존재합니다. 다만, 그 차이를 제품이나 서비스 자체에서만 찾으려 한다면 영원히 그 차이를 찾을 수 없을지도 모릅니다. 또한 우리가 하는 일이 어떤 마법처럼 현란한 말솜씨로 판매에 성공할 수 있는 그런 종류의 비즈니스라면 굳이 전략적 판매를 배울 이유가 없습니다. 결국 우리가 제공할 수 있는 궁극의 차이는 고객 내부로부터 나오기 때문입니다. 이상적인 고객 프로필에 의거 적절한 잠재 고객을 발굴하고, 가망 고객으로서의 자격이 충분한지를 심사하며, 적절한 때에 적절한 방법을 통해 핵심 구매 영향력자들의 개인적 성취 요소들을 충분히 파악할 수만 있다면 분명 제품이나 서비스를 뛰어 넘는 가치를 제공할 수 있게 될 것입니다. 쉽지 않은 일이지만 경쟁사보다 더 비싼 만큼의 값어치 그 이상을 반드시 찾아내야만 합니다. 저는 경쟁사의 경쟁력을 결코 무시하지 말라고도 했습니다. 하지만 경쟁사에게만 너무 초점을 둔 나머지 우리가 해야 할 일을 하지 않는다면 고객의 실제 문제를 놓칠 수 있음을 알아야 합니다. 만일, 이렇게 했음에도 불구하고 레드카드가 제거되지 않고 포지션이 개선되지 않는다면 해당 판매 목표는 포기하는 게 맞습니다.

Q. 제가 가장 바라는 것은 결국 4단계 '선별된 소수'에서 계약을 마무리

하는 것입니다. 계약을 잘하기 위한 특별한 비법이 있을까요?

A. 비법까지는 아니지만 잘 알려져 있지 않은 전문가들의 노하우는 있습니다. 중대형 기업 영업에서 판매를 성공으로 이끄는 방법은 영업 대표 스스로가 판매를 잘 하느냐에 달려있지 않습니다. 핵심은 고객사 내부의 구매 영향력자들 서로가 여러분의 제안을 긍정적으로 판매할 수 있도록 하는 데에 달려 있습니다. 그들이 여러분을 대신해서 내부 판매를 하게 하는 거죠. 한번 생각해 볼까요? 여러분들이 아무리 많은 시간을 부여받아 고객사 내에서 프레젠테이션을 한다고 해도 2시간 이상을 판매 시간으로 할애받기는 어려울 것입니다. 또한 한 달 내내 구매 영향력자들을 두루 접촉한다고 한들 순수하게 판매에만 전념할 수 있는 시간은 고작 몇 시간 남짓일 것입니다. 하지만 제안에서 계약에 이르는 전체 과정은 최소 몇 달에서 최대 몇 년이 걸리기도 하죠. 그 과정에서 담당자나 리더들은 출장을 가기도 하고 조직개편이 일어나기도 하며 업무의 우선순위가 바뀌어 여러분의 제안이 후순위로 밀려나기도 합니다. 이런 영역을 우리가 통제하는 것은 불가능합니다. 방법은 우리가 통제할 수 있는 것을 활용하는 것입니다. 그것은 핵심 질문을 설계하고 그들이 스스로 말할 수 있도록 스마트하게 질문지를 구성해 수시로 질문을 하는 겁니다. 이때 핵심은 그들이 말을 하게 하는 데 있습니다. 심리학적으로도 말을 하게 하는 효과는 매우 강력합니다. 이렇게 할 경우 고객사 내부적으로 여러분의 제안을 검토할 확률이 몇 배는 높아지게 됩니다. 결국 4단계의 진

입 속도가 그만큼 빨라지게 되는 것이죠. 계약을 이끄는 방법도 결국 비슷한 맥락입니다. 가격 저항에서 비롯된 협상을 제외하면 거의 모든 계약은 오랜 시간 자연스러운 프로세스 실행의 결과로 나타납니다. 굳이 비유하자면 우리의 계약은 드라마틱한 액션물이 아닌 다소 건조한 다큐멘터리에 가깝다고 할 수 있습니다. 고객의 문제를 해결하기 위해 한창 진지한 대화를 나누다가 커피 한잔 하듯 가볍게 계약서에 서명하는 경우라면 가장 바람직한 계약의 모습이라고 할 수 있겠습니다.

박태출,
전략적 판매의 고수가 되다

"축하드립니다. 박태출 프로께서 전략적 판매 과정 최종 평가시험 전체 1위를 차지하셨습니다. 평점 97.5점으로 아시아 퍼시픽 기준 1위, 글로벌 전사 기준 3위에 오르는 쾌거를 달성했습니다."

영광스럽게도 특별 보너스와 함께 지난번 우수사원 선정에 따른 인센티브 가산점이 주어져 미국 본사에서 열리는 각 나라별 우수사원 초청 페스티벌에 부부 동반으로 초대되었다. 1주일간 특급 호텔에 머물며 본사 견학과 각종 공연 관람, 최고급 뷔페를 곁들인 화려한 파티, 지역 관광과 쇼핑이 연일 계속되었다.

"여보, 여보! 우리 이거 꿈 아니지? 맨날 맨날 이렇게만 살면 좋겠다. 아침밥 안 차려도 되고, 유치원 출근 안 해도 되고…"

벌써 일정의 반이 지나가고 있는데도 여전히 아내는 매일 아침 일어나자마자 내 볼을 꼬집으며 반복재생 멘트를 한다. 새삼 세상 오래 살고 볼 일임을 여실히 느낀다. 사실 나는 오래전부터 영업, 판매, 세일즈라는 말만 들어도 두려움이 많았던

사람이었다. 그 시작은 입사 초 신입사원 시절 빌딩타기 영업 미션에서부터였는데, 지하철역 기준 회사 반경 두 정거장 이내에 있는 회사들을 무작위로 찾아 들어가 구매 담당 부서장들에게 인사를 하고 명함을 받아오는 일이 내겐 여간 부담스러운 일이 아닐 수 없었다. 지금으로선 상상도 할 수 없는 일들이었다. 한번은 회사 로비에서부터 큰 소리로 나를 소개하자 경비 아저씨들에게 붙잡혀 끌려 나가게 되었고 그 장면을 그 회사에 다니는 대학시절 동창 여학생에게 목격당하기도 했다. 어찌나 창피했던지 그때부터 난 그냥 영업과 관련된 것이라면 무엇이든 고통으로 기억되는 트라우마가 생긴 것이다.

잠시 기억하고 싶지 않은 추억이 지나가는 사이 반가운 수잔 백 프로로부터 반가운 메시지가 왔다. 저녁 때 자신의 집에서 보자는 내용이었다. 사실 미국으로 오기 전 수잔 백 프로와 통화를 했었는데 그녀는 우리 부부를 초대하고 싶다고 했다. 일정을 다 마치고 난 후 드디어 우린 수잔 백 프로의 집에 다다랐다. 친절한 수잔 백 프로가 우버 택시를 보내주어 편안하게 올 수 있었다.

"롱 타임 노씨.long time no see 드디어 여기서 뵙네요. 너무너무 반갑고 환영해요."

수잔 백 프로는 와락 우리 부부를 포옹하며 반겼다. 사진 속에서만 봤던 건장한 남편과 귀여운 아이들도 소개시켜 주었다. 전형적인 미국 중산층의 사랑 넘치는 가정이라 느껴졌고, 회사가 아닌 그녀의 집에서 보니 정말이지 색다르게 느껴졌다.

　정성스럽게 준비한 맛있는 저녁을 먹은 후 소파에 둘러앉아 이야기와 와인을 나누다 보니 어느새 긴장이 풀리며 기분이 더욱 좋아졌다.

　"박 프로님의 열정과 열심은 정말 대단하신 것 같아요. 놀라운 건, 이런 날이 올 줄 예상했지만 솔직히 이렇게까지 빨리 올 줄은 몰랐거든요. "

"감사합니다. 사실은 저도 그래요. 도대체 그동안 무슨 일이 있었는지 기억도 잘 안 난다니까요."

"그게 아마도 매 순간 혼신의 힘을 다하셔서 그런 게 아닌가 싶어요. 지금 와서 하는 말이지만 교육 당시에도 쪽잠 한번 안 자고 눈에서 레이저 나오는 사람은 박 프로님 한 사람 뿐이었다니까요."

"모든 게 수잔 백 프로님의 열성적인 도움 덕분이라고 생각돼요. 저야 잘 차려주신 밥상에 숟가락만 올린 거죠 뭐. 이거 누가 어디서 한 멘트 같은데, 어떻든 다시 한 번 고맙습니다. 하하하!"

"아휴, 겸손하시기까지… 정말 미국으로 모셔오고 싶네요. 이쪽으로 오실 생각 없으세요? 제가 적극 추천하겠습니다."

"오고 싶어도 영어가 안 돼서요.. 하하하!"

그렇게 화기애애한 시간이 계속되는 사이 또 한 사람의 반가운 얼굴이 거실 내 대형 화상시스템에 연결되었다. 나의 멘토 최고수 대표였다. 알고 보니 나를 위해 수잔 백 프로와 최고수 대표가 사전에 어레인지arrange를 한 것이다.

"서프라이즈! 진심으로 축하드립니다. 박 프로님, 반가워요. 수잔 백 프로님도요."

"아니 이게 어찌된 일인가요? 한국은 지금 이른 새벽 아닌가요?"

"지금 새벽 운동가는 차 안이에요. 그나저나 이거 너무 부러운 걸요. 무엇보다도 우리 박 프로님, 이제는 명실상부 최고의 영업판매 전문가 대열에 서게 되시니 제 마음이 다 뿌듯하고 기쁩니다."

"아이고! 아닙니다, 아녜요. 이거 몸 둘 바를 모르겠네요. 그나저나 회사 일은 좀 나아지셨어요?"

나는 얼굴이 빨개져 급히 화제를 돌리지 않을 수 없었다.

"오늘은 회사 얘기는 하고 싶지 않았는데요. 굳이 또 물으시니 말씀을 안 드릴 수가 없네요. 외부 일이 더 많이 생기면서 최근 인력들을 대거 뽑고는 있어요. 그런데 일도 많고 강도도 세다 보니 퇴직률 또한 높아 골치가 아프네요. 다행이 회사는 성장하고 있는데 당장 일을 처리할 수 있는 사람이 부족하다 보니 여전히 힘에 좀 부치기는 합니다. 그래서 오늘도 이렇게 열심히 운동하려고요. 하하하!"

이때 수잔 백 프로가 장난기가 발동했는지 농담을 던진다.

"박 프로님과 제가 가면 돈 많이 주실래요?"

"마음은 굴뚝같지만 안 돼요, 안 돼! 잘 나가시는 두 분을 모시기엔 몸값이 너무들 높아요. 그렇지만 말이라도 그렇게 해주시니 기분은 좋네요. 하하하!"

난 나도 모르게 정신이 번쩍하는 기분이 들었다.

"농담 아니고 진짜 가면 받아주시기는 하는 겁니까?"

"…………………………………………………………………………."

"박 프로님, 하여튼 한국에 오시면 소주 한잔 해요."

내 질문이 농담 같지 않게 들렸는지 잠깐의 정적이 흘렀다. 마침내 초대 파티도 잘 마무리가 되고 우리 부부는 수잔 백 프로 내외와 작별 인사를 한 후 호텔로 돌아왔다. 무엇인가를 직감한 듯 택시 안에서 아내와 나는 아무

말이 없었다. 꿈만 같았던 미국에서의 일정도 마침내 모두 끝이 났다. 한국으로 돌아오는 기내 안, 뭔가 작심을 한 듯 아내가 먼저 입을 열었다.

"당신, 이제 하고 싶은 거 해요. 내가 유치원 원장 되면 그렇게 하자고 약속했잖아."

"그래도 되겠어?"

나와 아내는 마음이 통한 듯 서로를 보며 한참을 웃기만 했다. 하지만 언제부터인가 내 마음속 깊은 곳에 자리 잡고 있던 숨겨온 욕망을 더 이상 감출 수는 없었다.

'비전 없이 하루살이처럼 살았던 일반 직장인에서 어느새 내가 전문가 소리를 듣다니… 그것도 내가 제일 두려워했던 영업 판매 분야에서…'

격세지감은 바로 이런 나의 상황을 두고 한 말이었다. 그로부터 3개월 후, 나는 강의하는 무대 위에 서 있었다. 그리고 옆에 있던 최고수 대표가 나를 이렇게 소개했다.

"전략적 판매의 고수 한 분을 모셨습니다. '정밀한 판매 전략으로 고객을 록인(Lock-in)하라'는 주제를 가지고 강의를 해주실 오늘의 강사님이자 저의 파트너 박태출 대표님을 소개합니다."

고수의 병행전술 4 : 목소리 연출법

강의 현장에서 "세일즈에서 목소리가 중요한가요?"라고 교육생들에게 물으면 열의 아홉은 그렇다고 대답한다.

그런데 "왜 목소리가 중요한가요? 중요하다면 목소리를 좋게 하기 위해 어떠한 노력을 기울이시나요?" 하고 물으면 선뜻 대답하는 이들이 없었다. 사실 과거부터 목소리는 세일즈맨들에게 외모만큼이나 중요한 판매도구로 작용해 왔다. 특히, 짧은 시간 안에 좋은 이미지를 주어 계약으로 이끌어야 하는 B2C 영업 직종에 더욱 그랬다. 반면, B2B 영업에서는 상대적으로 그 중요도가 다소 약하게 작용했다고 볼 수 있다. B2B 영업에서는 고객에게 신뢰를 주는 요소로써 가치 있는 제안이나 정기적인 유지보수 처리 등이 더 중요하게 작용했기 때문이다. 하지만 이제는 그럴 수가 없게 되었다. 코로나로 인한 비대면 영업이 증가하면서 디지털 플랫폼에서 소통하는 시간이 늘어났기 때문이다. 메라비언법칙(메시지 전달력: 말의 내용 7%, 시각 55%, 청각 38%)에 의거, 사람들은 말의 내용보다도 목소리에 더욱 민감하게 반응하는 경향이 크다는 것이 증명되었다.

특히, 디지털 플랫폼 내 화상 미팅에서 전해지는 목소리는 오프라인 때보다 더욱 민감하게 주목될 수밖에 없다. 만일 중요한 프레젠테이션을 하는 경우 영업 대표의 발음과 억양이 불분명하거나 지루하기만 한 모노톤^{monotone}

으로 일관한다면 듣는 쪽이 거북할 수 있다. 고객의 집중력이 그만큼 떨어지는 것이기에 가볍게만 볼 일은 아니다. 결국 관건은 말투에 있다. 말투는 크게 말의 내용(텍스트, 스크립트)과 목소리(억양, 어조, 본새)로 구성되어 있는데 이때 말의 내용이 '신뢰도'를 결정하고 목소리가 '호감도'를 결정하게 된다. 그래서 목소리의 호감도를 상승시키는 훈련법 몇 가지를 소개해 보겠다. 참고로 본 훈련법은 캘리포니아 대학^{Cheap Psychological Tricks} 페리 버핑턴 연구팀에서 연구한 내용을 포함한다.

첫째는, '입꼬리 업' 훈련이다. 거울을 보고 살짝 미소를 짓는다는 느낌으로 말하면 된다. 약 1~1.5배의 이상적인 톤업^{tone-up} 효과가 생겨 상대에게 호감을 준다.

둘째는 '서서 말하기' 훈련이다. 가능하다면 중요한 미팅이나 발표 때에는 앉아서 하지 말고 서서 말하기를 추천한다. 서서 말하게 되면 분당 10회 이상의 심장 박동수가 오르면서 뇌를 활성화시키는데 이때 정보처리 능력이 향상되면서 집중력이 올라가 목소리에서 신뢰감이 묻어난다고 한다.

셋째, '멈춤' 훈련이다. 강조하고 싶은 말을 하기 전에 침을 '꿀꺽' 삼킬 정도의 시간만 멈춰도 듣는 사람의 주목도를 높여 호감도를 상승시킬 수 있다. 마지막으로는 말을 천천히 또박또박 끊어가면서 하는 거다. 버퍼링이나 하울링 현상이 잦은 화상 회의에서 더욱 유용하다.

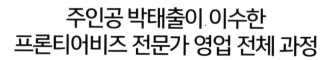

주인공 박태출이 이수한
프론티어비즈 전문가 영업 전체 과정

B2B, 전문가(專門家) 영업으로 승부하라! 시리즈

※ 패키지 과정

[공통] B2B, 전문가(專門家) 영업의 이해(1H)

1. 전술 코스

① B2B, 신규고객 발굴 역량 강화 과정(8H)
② B2B, 영업상담 진행 역량 강화 과정(8H)

2. 전략 코스

③ B2B, 영업전략 기획 역량 강화 과정(8H)
④ B2B, 판매전략 기획 역량 강화 과정 – 기본(8H)
⑤ B2B, 판매전략 기획 역량 강화 과정 – 심화(8H)

3. 영업 관리자 코스

⑥ B2B, 영업 관리자 역량 강화 과정(8H)

※ 특강 과정

특강 1. 명품(名品) 영업인으로 거듭나라(2H)
특강 2. 전문가(專門家) 영업으로 승부하라(2H)
특강 3. 세일즈 뉴노멀, 디지로그 영업주도 조직으로 전환하라(1.5H)
특강 4. 정밀한 판매 전략으로 고객을 록인(Lock – in)하라(1.5H)

★ ( )의 시간은 최적 교육 시간을 의미하며 상기의 B2B, 전문가 영업 전략/전술/특강 콘텐츠를 바탕으로 고객사별 맞춤식 기획 강의도 가능합니다.

프론티어비즈 영업 교육에
참여한 교육생들의 평가들

당사에 대한 이해도가 높은 강사분이 좋은 말씀을 잘 해주시고 앞으로 나아갈 방향에 대해서 잘 제안해주신 것 같음. 시간 하나도 안 아까움. 냉정한 진단과 웃으며 혼나는 듯한 느낌이 오랜만이었음(찔렸다 하나). 그리고 많은 실전 경험을 기반으로 강의하기 때문에 진정성과 경험에서 나오는 내공이 보통이 아녔음. 더 강하게 혼내주세요.

포기하지 말고 아직 더 잘해볼 수 있겠다는 동기부여가 확실히 된 것이 가장 큰 수확이었다. 원래도 내 일을 사랑하는데 좀 더 도전하고 고민하고 더 많은 시간을 들이고 싶어졌다.

강사분이 준비하신 자료와 교육에 대해 임하신 자세가 열정적이셔서 저도 덩달아 열정을 느낄 수 있어 좋았습니다. 해당 교육 세션마다 사례가 적절하게 적용되서 편하게 볼 수 있고 좋았음.

영업은 누구나 할 수 있고 아무나 할 수 있는 저평가된 업종 중에 하나라고 생각했는데 전문가 영업의 자질, 업무 프로세스, 실행 방안, 태도 등 현장 팀원들에게 적용하기 좋은 강의였습니다.

열정이 느껴지는 강의였습니다. 저를 반성하는 기회가 되었습니다. 감사합니다. B2B 영업, 콜드콜링, 프로스펙팅과 같은 새로운 이론의 개념과 활용 방식을 알게 되어 좋았습니다. 더 듣고 싶은 강의인데 시간이 모자라서 아쉬웠습니다.

강의하시는 분이 엄청 열정적이셨고 어려운 내용임에도 이해하기 쉽게 설명해주셔서 좋았습니다. 고객 관리 외부 영업뿐만 아니라 내부적 영업을 하는 데에도 좋은 내용입니다. "내 직업에 대한 성찰" 현재 직업에 대한 또 다른 생각과 동기부여가 현재 일하는 데 도움 될 것 같아요.

B2B 영업이라는 것을 머리로는 알고 있었지만 이론적인 정리를 이렇게 해주신 강사님께 감사드립니다. 영업직군은 아니지만 인생은 어디로 흘러갈지 모르기 때문에 오늘 강의 내용을 머리와 마음속에 잘 새겨서 명심하겠습니다. 강사님의 실무경력이 25년이라는 말씀과 각 목차를 말씀해주실 때 실제 경험 사례를 바탕으로 말씀해 주셔서 더 신뢰가 가는 강의였습니다. 강사님의 열정과 경험을 담기에는 8시간이 너무 짧았습니다.

B2B 영업의 개념을 확실히 잡아주는 계기가 되었습니다. 실습을 적절하게 하면서 간단하게라도 직접적인 실무 경험을 할 수 있어서 좋았습니다. 향후, 영업 활동을 할 경우 기본적인 룰들을 숙지하여 업무에 적용시킬 수 있도록 하겠습니다.

열심히 강의해 주셔서 좋았고 강의 흐름이나 내용이 이해하기 쉽고 쏙쏙 들어왔습니다. 영업 실무 경험이 많으셔서 듣는 내내 흥미로웠습니다. 내용 기승전결이 좋았고 실제 필요한 내용이어서 도움이 될 것 같습니다.

전반적인 영업에 대해 생각할 수 있는 좋은 시간이었습니다. 어렵지 않은 내용으로 쉽게 다가왔으며 앞으로 영업은 아니지만 현업에서 많은 지침이 될 것 같습니다. 진정한 영업의 가치를 알 수 있었고 고객의 고통을 공감하고 솔루션을 제시하는 영업 마인드를 탑재하여 연구 역량을 키울 수 있을 것 같습니다.

전략적인 방법론적인 것을 실제 사례 및 경험을 토대로 들을 수 있어서 흥미롭고 이해가 잘 되었다. 본능적으로 잘하고 있었던 부분도 알게 되었고 반대로 놓치거나 잘못하고 있었던 것도 알게 되었다. 그동안의 영업과 앞으로의 영업을 모두 생각하게 되는 시간이었고 당장 실전에 하나씩 녹여서 나도 직접 경험하고 확인하고 싶다. 감사합니다.

 오랜 강의 쉽게 설명해 주셔서 감사합니다. 실례를 들어 설명해 주셔서 좋았구요. 강의 자료나 영상 등이 좋았어요.

영업에 대한 인식의 변화 태도의 변화를 일깨워준 좋은 강의였습니다. 새로운 시각에서 새로움을 발견할 수 있었던 강의였습니다.

강사님의 경험이 녹아 있어 매우 좋았고 업무로 인해 100% 집중하지 못해 아쉬웠습니다.

B2B 영업의 변화와 역량에 대하여 생각해보게 된 강의였습니다. 첫 직장으로 입사 후 업무에 적응하고 일을 배워나가는데만 신경썼지 전문가적인 영업에 대한 생각과 제가 하고 있는 일에 대해 깊게 생각할 기회를 갖지 못했던 것 같다는 생각이 들었습니다. 전문가적인 영업에 대한 지식과 스킬을 직무에 적용하는 방법에 대해 생각해서 좋았습니다.

강사님의 실제 경험을 토대로 설명을 주시니까 그냥 설명만 듣는 것보다 이해가 훨씬 쉬웠습니다. 해외 영업직에 있으면서 해외 영업도 국내 영업과 다르지 않다고 생각하고 있었는데 강의해 주신 것을 나한테 적용하면 영업을 더 잘할 수 있겠다는 느낌을 받았습니다.

열정적... 좋은 경험담들... 실용적인 이야기들 너무 좋은 강의였습니다. 감사합니다. 삼성전자 시절 빗대어 예시를 통한 이야기들로 접근하니 재밌고 쉽게 이해가 되었습니다.

영업의 방식, 소통방법을 다양한 사례와 중간 중간 미니과제를 통해 알 수 있어서 좋았습니다. 그리고 강사님이 강의 준비를 정말 세밀하고 다양한 관점에서 준비하신 게 느껴졌습니다. 영업 교육인데 마지막에는 인생의 교훈, 정신 상태마저 긍정적으로 바뀌게 되는 강의였습니다. 실습할 수 있어서 좋았습니다.

알려주고자 하는 주제가 뚜렷하고 영업직에 유용한 정보가 많았어요. 업무에 적용하면 고객사에서도 만족스러워할 것 같아요.

엄청 자세히는 아니지만 시장에 대해 분석해주신 것 너무 좋았습니다. 실패 성공 사례의 예시가 너무 좋았습니다. 약간 호응이 떨어져서 힘드셨을 것 같은데 저는 정말 잘 듣고 도움이 많이 되었습니다. 다음엔 꼭 이틀 강의로 뵙고 싶어요. 실제 예시 경험담 등 너무 적절하게 해주셔서 이해가 너무 잘 됐습니다. 좋은 내용 고민 엄청 많이 하시고 준비해 주셔서 감사합니다.

역시 준비된 강의는 다름을 느낍니다. 박수를 보내드립니다. 잊지 못할 강사님이 될 것 같습니다. 저희 회사를 너무 잘 파악하고 계셔서 시장의 미래를 꿰뚫고 계셔서 놀라웠습니다(특히, 온라인 벤처)강의 내용도 좋았지만 강사님의 열정, 자세를 더 배우고 싶네요. 시간이 너무 짧았네요. 추후 f에 강의 받을 수 있는 날이 오면 좋겠네요

전략적 판매의 고수가 된 박태율

유익한 강의 감사합니다. 많은 준비를 하신 열정이 느껴져서 좋았습니다. 소통에 대한 중요성을 다시 한 번 느꼈고 영업에 대한 막연한 시각을 넓힐 수 있었던 기회가 되었습니다.

열정적이고 이해하기 쉽게 강의해 주셔서 감사합니다. 실제 업무 연결이 가능하게 내용이 구성되어 있어서 도움이 많이 될 것 같습니다

너무 열정적으로 하셔서 느끼는바가 많았습니다. 자신을 돌아보고 다짐할 수 있는 시간들이 좋았습니다.

열정적인 강의 인상 깊었습니다. 제가 생각했던 비전, 신념을 더 깊게 생각해 볼 수 있는 기회가 되었던 것 같습니다. 사례를 통한 의사 전달, 복잡하지 않은 프리젠테이션이 강연을 이해하기 쉽고 인상 깊었던 것 같습니다

참여를 이끄는 강의가 새롭고 집중가능하게 함. 간혹 나오는 음악이 딱딱하지 않고 부드러운 강의 분위기 연출. 설명이 귀에 잘 들어오도록 중점적으로 진행.

강사님 열정적인 강의 인상 깊었고 영업에 대해 좀 더 알게 되었어요. 중간 퀴즈 및 동영상이 있어 지루하지 않았어요. 영업은 아니지만 나의 일에 영업력을 더하면 좋겠다 느꼈고 나의 전문지식을 더욱 고객사 입장에서 소개하는 법을 고민해야겠다고 생각했습니다.

현실적인 감각과 내용으로 강의 내용을 준비해주시고 열정적으로 강연해 주셔서 감사합니다. 일반적인 교육 내용이 아닌 자사 및 산업 전반에 대한 공부와 이해를 가지고 교육해

주신 것에 대해 대단히 감명 받았습니다.

 영업 관련된 새로운 시각이 신선했으며 구체적인 내 사고의 변화 시점 제시함에 있어서 자극을 받았습니다. 새로운 해석, 명품 마인드, 어떤 일을 하기 보다는 어떻게 임하는가에 대한 부분이 제일 좋았습니다.

업무 외에 인생에 있어서도 도움이 되는 좋은 시간이었습니다. 일에 활력을 생기게 해주는 느낌을 받았습니다.

흥미로운 사례와 시청각 자료 덕분에 B2B 세일즈 방법을 이해하기 쉽게 배울 수 있었습니다. 열정적이고 위생적인^^ 강의 감사합니다. 영업이라는 직무가 전문성이 떨어지는 것 같아 앞으로의 커리어에 대해 불안함이 있었는데 B2B 영업만이 가지는 장점과 전문성을 잘 설명해주셔서 업무와 커리어에 자신감이 많이 생겼습니다. 여러 사례들과 함께 재미있는 스토리텔링 방식의 강의가 인상 깊음.

B2B 영업직이 아닌 R&D지만 시대 변화에 맞춰 영업을 겸직(기술영업)하고 있어 남의 부서 교육이 아닌 내 부서 교육처럼 듣게 되었습니다. 머리로는 알고 있었지만 실행하지 못하고 적어내지 못하고 설명하지 못했던 것들을 일목요연하게 다시 생각해 볼 수 있는 의미 있는 시간이었다고 생각합니다. 강사님의 열정과 애정이 담긴 강의에 저도 잠시 잊고 있던 열정에 불씨를 붙일 수 있어 좋았습니다. 회사에 대한 공부를 많이 해 오신 것 같아 저도 고객 대응에 그렇게 배울 수 있었습니다.

전략적 판매의 고수가 된 박태출

우리 회사에 대해 저보다 더 많이 공부하신 것 같아요. 반성하게 되었어요. 풀 패키지 강의도 기대해 보겠습니다. 다시 못 뵈면 정말 아쉬울 것 같아요

철저한 준비가 느껴지고 열정과 경험 전문성이 담겨진 최고의 강의 내용이었으며 현장에 필요한 실질적인 사례들이 8시간 내내 몰입하게 만들었습니다.

중간 중간 재미있고 유익한 동영상과 실습 간 틀어주신 음악마저 힐링이 되는 시간이었어요. 무엇보다 열정이 느껴지고 사람을 변화시켜주는 이끌림을 받았습니다.

B2B 영업강의라고 하지만 실제 인생 공부를 한 느낌입니다. 전 영업 직군이 아닌데도 이해하기가 쉽게 강의해 주셨고 강사님의 에너지가 유쾌해서 계속 듣고 싶은 강의였습니다. 참 알차고 도움이 많이 된 교육이었습니다.

실제적인 경험과 다양한 사례는 현장 영업을 하는 영업대표들에게 강한 동기부여를 주었으며 알찬 내용으로 실질적인 솔루션을 제공해준 시간이었습니다.

A
Business
Edu-fiction

**전략적 판매의
고수가 된 박태출**

FRONTIERBIZ
프론티어비즈

비전	기업내 영업주도 조직 구축을 통해 지속 가능한 성장과 성공을 돕는 대체불가 기업교육 전문가

비전 │ 기업내 영업주도 조직 구축을 통해
지속 가능한 성장과 성공을 돕는
대체불가 기업교육 전문가

신념 │ 고객이 지불하는 시간과
비용이 아깝지 않게 하라!

사훈 │ 프론티어 정신을 바탕으로
- 경험기반 가치 콘텐츠를 제공한다.
- 고객중심 가치 솔루션을 제공한다.
- 열정적인 가치 스피릿을 제공한다.

memo

memo